波動の法則

実践体験報告

足立育朗が語る時空の仕組と現実

形態波動エネルギー研究所　監修
今井博樹　編著

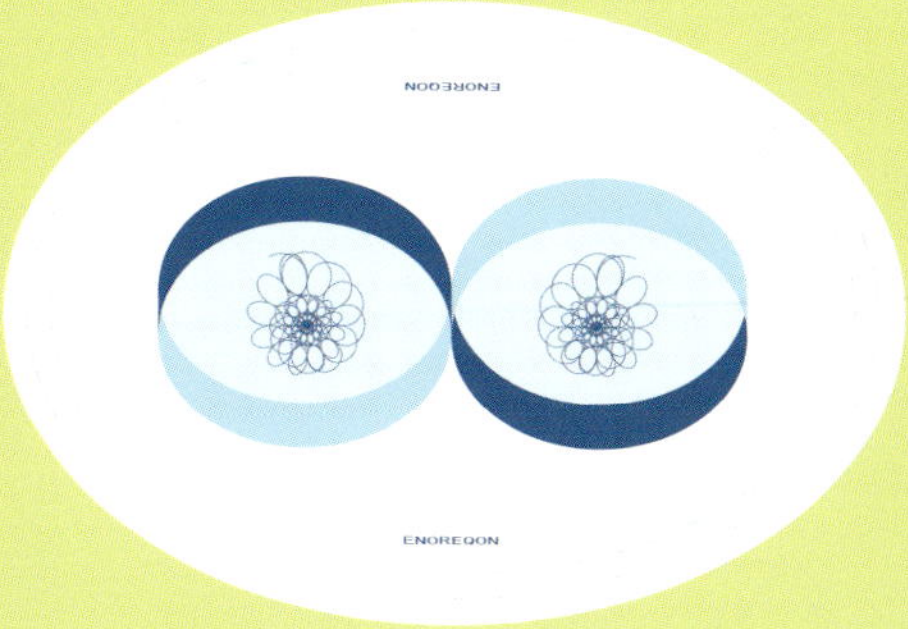

ナチュラルスピリット

作品「E21-F ④」(ARUT.NUROUY) 足立育朗

作品「E21-F ⑦」（ARUT.NUROUY）足立育朗

作品「⑭ CIUKANSI」（ARUT.FALF）足立育朗

作品「E21-F ⑥」（ARUT.NUROUY）足立育朗

作品「E21-F ⑧」（ARUT.NUROUY）足立育朗

作品「⑯ FANT-14」ARUT.NUROUY　足立育朗

はじめに

今回、足立育朗先生から貴重なお話をお聞きする機会を得ました。

『波動の法則』『真 地球の歴史』（共に小社刊）以降の研究成果をお聞きしたかったのと、私の関心のあるところのものもお聞きしたかったので、今回直々に足立育朗先生からお話を聞くことができたのは幸いでした。お聞きした内容をすべて紙面に掲載することはできませんが、読者の気づきに役立ち、「自然の仕組み」「時空の仕組み」に適った調和した生き方に役に立つ内容を紹介させていただくことができました。

宇宙の根本となる「時空の仕組み」は、今までの科学の常識をはるかに超えたもので、その仕組みには圧倒されるものがあります。

この今という時期は、とても重要な局面に立たされていることも教えていただきました。人々はどんどん振動波を落とし、多くの方がマイナスの状態になっているとのことです。

今、岐路に立たされていて、「自然の仕組み」に適ったより調和した方向に方向転換するか、このまま振動波を落とし続けて危険な状態になるのか。

この本が契機となって、多くの人々の意識に気づきが起こることを願っています。「自然の仕組み」に適ったより調和した生き方をし、振動数を高め、地球もよりよい状態になったら、ありがたいと思っています。

今の常識を超えた内容が多数含まれていますが、どうか、この本で語られていることを謙虚に受け止めていただけたらありがたく思います。

（編集の過程で、語っていただいたものを文章化するにあたり、うまく表現できていないところもありますが、それは私のまとめ方がうまくできていないところです。ご容赦いただけましたら幸甚です）

２０１４年５月28日

今井　博樹

宇宙語	読み方	意　味
SEPOUW	セポー	本人のエクサピーコと親しい意識体で常にサポートしてくださる存在。本人の進化の状態で入れ替わったり増加したりする
FIDA	フィーダ	惑星連合
EGHO	エゴ	自我と欲をベースにした意識と意志
EVHA	エヴァ	愛と調和と感謝と学びをベースにした意識と意志
JEFISIFUM	ジェフィシファム	宇宙の情報層
MIYULUA	ミュルア	愛と調和と感謝と学びとそのあるがままの振動波の時空元のみ（文化を形成しない）
ENOCH	エノック	おうし座のプレアデス星団のアトラス星語でエクサピーコの役割段階の名称（ミュルアの入り口の意識体のレベル）
UYNER	ウイネル	おうし座のプレアデス星団のアトラス星語でエクサピーコの役割段階の名称（ミュルアの最後の意識体のレベル）
GINO	ギノー	その星の情報層
EHKO	エーコ	究極の意識と意志（ただし、エクサピーコのある段階ごとの最高位の時にも使われる表現）
FANT	ファント	おうし座のプレアデス星団のアトラス星語で時空元を変換する。時空元を移動する。波動の形態ー総称ー
DEVIK	デヴィック	自ら気づいていただくために、ヒントを送る（伝える）教育の本質（教えたり理解するのとは違う）
TIMENG	ティメング	自然の仕組みに適って調和のとれた方向へ時空がサポートする。◎回転形態 ◎回転速度 ◎回転方向、が 全てに同調する瞬間
TUNING	トゥニング	直観（自らの振動波の周波数変換をして時空から真の情報を得る）
MUNIYI	ムニー	カシオペア座のベータ星語で、マネーの本質的語源
FALF	ファルフ	エネルギー甦生装置・エントロピー減少装置（本来の時空から生みだされる自然の仕組みに適って調和のとれた存在物）
SIEPON EVHA	スィェポン エヴァ	環境全体を調整するファルフ（補助装置）
SURMOUL	サーモウル	微生物・鉱物・植物・動物・土・空気・光・水に至るまでの調和をとるファルフ（補助装置）

宇宙語一覧表

宇宙語	読み方	意味
FUGEHEKIN	フゲーエキン	現代科学でいう微生物≒フゲーエキン。よりミクロの分野まで含む。 おうし座のプレアデス星団のアトラス星語で調和のとれた本来のフゲーウコンも歪んでいるものもすべて含んだ総称
FUGEHUKON	フゲーウコン	おうし座のプレアデス星団のアトラス星語で調和のとれたフゲーエキン (時空から生みだされた自然の仕組みに適って調和のとれた本来のもの)
NINNA	ニンナ	カシオペア座のベータ星語で調和のとれたフゲーエキン(=フゲーウコン)
NINNES	ニンネス	カシオペア座のベータ星語で、フゲーエキンと同じ意味
ODEO	オデオ	中性子
EXA PIECO	エクサ ピーコ	本質の意識と意志=原子核の集合体
FIK	フィック	潜在意識
DIKAG (DICAG)	ディカグ	顕在意識
CEK	セク	振動波の層(鉱物、植物、動物、人間の身体の外側にある)
ANAHATA CHAKURA	アナハタ チャクラ	ハートのチャクラ(おうし座のプレアデス星団のアトラス星語)
ADI	アディ	物を生みだす側の体験を通して自然の仕組みを学ぶエクサピーコのこと。女性、雌、雌しべ等。ただし鉱物にもある
SEHFK	セーク	管理する側の体験を通して自然の仕組みを学ぶエクサピーコのこと。男性、雄、雄しべ等。ただし鉱物にもある
HERIM	エルイム	エクサピーコのある役割段階の名称
AREVOS	アレボス	おうし座のプレアデス星団のアトラス星語でフゲーエキンの一匹を表す単位
BEFOJENIS	ベホジェニス	分解する側の微生物(フゲーエキン)
EGUKENEQ	エグケネック	組み立てる側の微生物(フゲーエキン)
D.K (DOKUTOR)	ドクトル	敬称(尊敬する)
GUJOHUS	グジョウス	地球を生み出した意識体

波動の法則　実践体験報告
足立育朗が語る時空の仕組と現実

もくじ

装幀・チューニングデザイン
樹生建築研究所

波動の法則　実践体験報告

足立育朗が語る時空の仕組と現実

その後の十数年の研究成果について

今井　『波動の法則』『真 地球の歴史』が刊行されてから十数年経ちましたが、その後の研究成果でオープンにできるものがあれば教えていただけないでしょうか。また、今、地球人にとって必要な使命や役割や、他の星や時空からのサポートについてもお聞かせいただければと思います。

足立　今まで研究してきた情報の一部をオープンにするには、次にお話しするような大前提があります。
それは、形態波動エネルギー研究所（The Institute of Form-Undulatory Energy 略称「FUE」）がやらせていただいている役割でもありますが、例えば今の惑星地球文化にとって、その内容をお伝えすることに意味がある場合、つまり、私たちがその情報を知ることによって本質的な意味で気づいて、現実に私たちの文化・社会に環現できるような役割があり、かつ、お伝えする必要があるときに順次オープンにしています。

宇宙語でTIMENG《ティメング》と言うのですが、タイミングみたいなものですね。時空のサイクルで、その状況にあるとき、その必要に応じてオープンにしてください、と言われています。『波動の法則』や『真 地球の歴史』は、その状況に応じてオープンにさせていただきました。（最初の出版元である）PHPさんからは「すぐに出してください」と言われましたが、ずっと待っていただいたのです。これはもう、時空とのやりとりで、その時期がくるまで出せませんでした。

最初、私は、必要以上のこともわーっと全部メモしていました。でも、それを今の状況で、現実にどこまでお伝えさせていただくか、どこまでお伝えしたら意味があるのか、役割があるのか、それが興味本位で広がってしまわないか、そこが重要です。

今、いろいろな方が、いろいろな分野で、現実も本質も役割をされている方がいらっしゃるわけですが、残念ながらどうしてもEGO《エゴ》の文化ですから、手柄をたてるという意識が潜在的にあって、伝える必要がないのに伝えるんですね。自分の優越感みたいなもののために伝えてしまう。これは科学者であろうが政治、経済、哲学のどんな分野の方であろうが、みなさん同じです。いわゆる精神世界の分野の役割をされている方も同じです。

その部分、地球人というのは残念ながら共通なんです。

IFUEは、研究成果をほとんどオープンにできない状態で20年くらい保管してきました。地球が必要な転換を果たしたときに活かしてください、という設計図や情報を、科学者の方に共同研究させていただき確認させていただいていますが、結果が出てもオープンにしていません。

そういうなかで今回、今井社長さんから、今、地球人にとって必要な使命や役割について語ってもらえれば、また、他の星の人たちや時空からのサポートについて何か語ってもらえれば、というお話をいただきました。

全然違う時空のサイクルに入っている

「時空の仕組み」からすると、地球という惑星の今の状況は、太陽系も、われわれの銀河系も含めて、このわずかな10年、20年の間に、まったく違う「時空の仕組み」のサイクルに入ってしまっています。それなのに、私たちの文化は、それに全然気づいていません。

宇宙の一番元になるFUGEHEKIN《フゲーエキン》

今の時空の状態をお伝えすることが、まず必要になってくると思いますが、何からがよろしいでしょうか？

今井　『波動の法則』『真 地球の歴史』という本が出版されてから今までの研究成果の一つとして、FUGEHEKIN《フゲーエキン》の発見ということを伺いました。FUGEHEKIN《フゲーエキン》というのは、宇宙の一番元になる構成要素と伺っていますが、そのあたりからお聞きできたらと思います。

足立　わかりました。確かにFUGEHEKIN《フゲーエキン》について触れだすと、結局、時空全体の問題をお伝えしていくことになりますね。もちろん、FUE自身がわかっている範囲というのは、ほんの一部です。そのなかで言えることはこういうことです。

FUEの基本姿勢は、時空に対して、真正面から取り組むということです。断片的に関心のあるところから追究するのではありません。

元々、FUEが生み出されるには、『波動の法則』でお伝えしているような経緯があるわけですね。私自身が建築家なものですから、スタートラインは、物が生み出される、何もないところに何か具体化して時空間を生み出してしまう、これはどういうことなのか、というところから始まっています。

クリエーションとアレンジ

人間は、物作りとして、地球という惑星で、いろいろな分野で生み出すことをしているわけです。はっきりしているのは、植物や動物や人間を生み出すことはできなくて、実際には、鉱物にしても、「自然の仕組み」に適って調和のとれたものを生み出すことはできません。

地球という惑星では、「創造」「クリエーション」という言葉を使っていますが、実際には、「時空の仕組み」のように、時空間から「自然の仕組み」に適って調和のとれた必然性のあるものを生み出しているわけではないのです。生み出されている素材を元にして、それを組み合わせる、アレンジする、これを私たちの地球という惑星の文化は、創造、クリエーションと勘違いしているんですね。

私たちの文化では、クリエーションのほとんどはアレンジです。時空が生み出した素材を組み合わせているだけです。どんなものを発明しても、基本的には人間が生み出しているものというのはないのです。野菜作りも同じですね。全部、「時空の仕組み」で用意されていて、その一部を、私たちがお手伝いしています。

「FUE」が何の役割をするために生み出されたかということも、実は私自身、全然考えたことがありません。こういう目的のためにこうしよう、ああしようと思ってスタートしていないのです。

建築とは何か

樹生《じゅな》建築研究所（足立育朗氏の建築設計事務所）で、何もないところに建築の空間を生み出してしまう。外部と内部を仕切ってしまう。空間の形態を生み出してしまう。それが本当に必然性があるかないかという点では、ずっと悩んでいました。

クライアントが求めるものも、そして自分自身の自我や欲が満足できるものも、建築業界から評価いただける内容のものも生み出していくことができて、顕在意識では十分に納得していました。

けれども、それが「自然の仕組み」に適って調和のとれた状態、「時空の法則」そのものと本当に調和のとれた状態で、自然界が生み出しているものと同じだけのものを、建築家として、建築の空間を生み出しているかという点では、どんなに評価をいただいても、まったく自信がなかったのです。

空間をつくって、その空間の環境がどんなにいいものを生み出すといっても、歴史的な巨匠の建築家が造った素晴らしいものも含めて、さんざん体験してみて言えることは、地球で人間が、建築家が、あるいは建築会社が、あるいは建て主、地主さんが求めて生み出したものが、自然界が生み出しているような草花や人間や動物、昆虫さんたち、鉱物と同じ資質のものを生み出しているかどうかという点では、自分ではまったく自信がありませんでした。

その辺が背景にあって、建築の樹生建築研究所から、FUMが生み出されたわけです。

自然界が生み出しているものと同じ資質のものを、人間が生み出していない可能性が非常に高い。では「真の創造」とは何なのか。それを具体的に観じたのが『波動の法則』でお伝えしている内容です。

別荘分譲地のレジャー施設の大建築ブームがあったとき、私は20代～30代でしたが、

250万~300万㎡近い計画を具体的に実現するのをつぶさに見てしまうことで、本当にこれでいいのかなと思いました。もちろん、そのときはそれなりに評価もいただいて、ある意味では有頂天になっていました。私自身が自我と欲の塊でしたから。名誉欲、地位欲、金銭欲、建築家として、歴史に残るものを造ってやる、地球に傷跡を残すんだくらいの意識でいました。

物作りの方には、どこかにみな、そういう意識はあると思います。地球人であれば、何をやっててもEGO《エゴ》の文化を築いているわけですから、背景はみんな自我や欲です。それをずっとやってきて、結局、そういうものを生み出しているものは何なのかがわからないでいたところ、振動波だということに気づいていくんですね。これは理屈ではなくて、感覚的なもの、直観的なものです。

そういう背景があって、結局、「自然の仕組み」と、そこに住まう人間とは何なのか、何のために生まれて何のために生きるんだということがわからないと、本質性、必然性のある建築空間を生み出すことはできないのではないかと思いました。

自然界の林や森をどんどん破壊していく状態をつぶさに見て、できあがったものが「自然の仕組み」と同じ質のレベルでなかったら、元々あった草花や木や、動物さん、昆虫さん、見えない微生物さんまでもが、どこまで喜んでくれて、どこまで交流できて役割ができているのか、というのはまったくわからないわけです。

その辺の全部が、ずっとわからない状態のまま仕事をし続けて、生き続けて、二十何年経って40代になってしまい、その時期になって、「ものをつくるって何なんだ。生み出すって何なんだ」ということが、だんだん趣味的に研究しているだけではどうにもならないくらい真に切実になってしまったのです。「仕事」と「生きる」ということが別々になっているのは違うのではないか、と。その辺が背景にあります。

そうしたなか、妹（足立幸子さん）とのやりとりから、創造には直観が大きく関わっていることを実体験しました。背景まで全部含めて、直観で情報が入るようになって、中性子や陽子の図形を確認できるようになり、『波動の法則』に著したような体験をした時期がきます。その時期というのは、FUEをこういう役割でつくるという明確な意識など、まだないわけです。直観とは何か、創造とは何か、実体験を始めた状態の繰り返しですから。

その過程では、もちろん興味本位もありますから、FUEが今チューニングとかTUNING《トゥニング》と言っている、情報を得る状態をやりすぎた時期もあります。自分の関心のある方向に情報を得ることに徹して、やりすぎる状態が起きるわけです。そうすると、今で言えば、きついメッセージがくるわけです。「今それは、本当に必要ですか」という感じのきついメッセージがくるんです。

その前の段階で「もっと今やらなくてはならないことがあるでしょう」という感じの体験が起きます。簡単に言ってしまえば、情報を得ようとしても、得られない状態が起きるのです。受振するときと発振するときに、意識にきたり、非常にわかりやすいのは、身体にいろいろな状態が起きました。

たぶん、身体も、生まれたときと今とでは、まるで違うと思います。全然違う状態に変わっていくのを知らされています。今、心臓は左にありません。もちろん、以前は左にありました。今は真ん中にあります。痩せているから、裸になって、鼓動が左でドキドキしているのが見えていたのが、今は胸の真ん中で見えます。それは全部意味があって、その内容も知らされています。それが本来の姿ですと、だんだんに知らされてしまうのです。だから、良い悪いではないですけど、実体験させられていきます。そういうことが、たくさんあるのです。

「FUE の本当の役割を知らされた時期というのは、妹と「そういうことか」ということがわかってから、中性子や陽子や、その他追窮確認を繰り返し繰り返したくさんやって、いろいろなものを調べた頃のことです。

妹の体験だけではなくて、自分で体験しなくては、となってきて、それをやりすぎた状態のときに、鼻のところにできものができるのです。そして、それが必ず鼻の中か外側にまで腫れてきて、血膿《ちうみ》が出て吹き出します。情報を得てメモし続けるのを、やりすぎるとそういう状態が起きるのです。それで、その状態が繰り返し起きただけではなくて、さらに続けていたら、今度は、頭の後ろ、首の後ろにやっぱりできものができて、それが、やりすぎていることと関係がある、と入ってくるのですね。

首の後ろも痛い状態が続いているなか、まだそれをやっていたら、ある朝起きると、それが潰れて血膿が出ていました。「まだ気づけないんですか」という感じで、情報を得るのをしばらく休むしかないか、という状態が起きました。１ヶ月２ヶ月は休むのが必要だろうなという感じでした。

今井　『波動の法則』を出したあとぐらいですか？　前ですか？

足立　『波動の法則』を出すずっと前です。『波動の法則』に書いてあるのは、本を出す何年か前の講演でお伝えしている内容です。本を出してからよりも、出す前の講演のほうがずっと多かったです。

その間に、例えば、中村国衛先生にもお会いしています。『波動の法則』にあのようにデータが出せたのは、科学者が共同研究してくださり協力してくださって確認できたからです。本が出たのは15年くらい前ですから、情報はその前の3年とか4年、だいたい18年から20年くらい前の情報です。

あるとき、全然知らない方が訪ねてこられました。そういうことはしょっちゅうありました。何で知ってしまうかわかりませんが、一つには、呼ばれて行っておしゃべりをするというのを全国でやり始めていましたから、当然、ビデオを撮ってくださる方も中にはいて、そういうことで伝わることは起きていたわけです。

それであるとき、ノート1冊、宇宙語というしかないですが、訳のわからない符合の文字をびっしり書いたのを持ってこられた方がいらっしゃいました。これをあなたに届けるようにと、こういうことを書かされたとおっしゃるのですね。そういうものは、よく送ってこられていましたが、その方はご本人が持ってきてくださったのです。

これ差し上げますからと言って帰ろうとするので、「ちょっと待ってください、これは宇宙語だと思うし、おそらく調べればわかると思うけど、今、私はそれ、全然できないのです。ここにこんな腫れ物ができてしまって、こっちも血膿が出て痛い状態で、今、一切チューニングしないように、情報を得ないようにしているので」と断ったのです。ところがその方は、「あなたに届けるという役割を私はするだけだから」と言って、置いていってしまわれたのです。そのノートはしばらくそのままにしていました。

1ケ月くらい、普通の仕事以外はやりませんでした。要するに、顕在意識を普通に使う状態ですね。でも、やっぱり気になるので、体調が戻ってきた時点でノートを見始めました。

体調が戻ってきてチューニングし始めたら、内容は5項目くらいに分かれていました。そのとき、私自身の役割、「FUE」の元になるような役割が、5項目くらいあったのを知ったのです。

それを元にして顕在意識で、こんな役割ができるかなと考えてもさっぱりわかりませんが、でも、そうやって持ってきてくださった方があるのと、それから、そうやって観じ始めると、とにかく浮かんできて、そこに日本語で入れていくと、なるほどそういう観じの役割があるのかなという、そんな出発点がありました。

最初、樹生の中で一人でやっていたところ、「形態波動エネルギー研究所という名前にしてください。ややこしい名前ですけど、そうしてください」と言われるから、その通りにして、とりあえず自分でスタートしたのです。

テレポーテーションとは何か

『波動の法則』の本を出して1年目か2年目くらいから、「FUE」として研究に専念できるように、経営者の方がいろいろバックアップしてくださるような状態が起きて、情報で入ってきてS研究所をつくらせていただきました。

当時は「テレポーテーションとは何か」「ものを生み出すということは何か」ということから入っていきました。具体的にS研究所で何から取り組むかということで入ってきた情報が「テレポーテーションとは何か」で、「それに取り組むことは、時空の仕組みの本質に関わることですよ」という情報は大まかな意味では入ってきていました。

今、正確に言うと、「テレポーテーション」というのは、あまりにも不正確な言葉なのです。正確に言う場合には、どうしても私の場合はプレアデスのアトラス語になってしまいますが、宇宙語でFANT《ファント》と言います。「時空元移動」という意味をもつFANT《ファント》という言葉がありますが、それは『波動の法則』の表にある「FANT《ファント》」と同じ言葉です。

本に載せたときは、FANT《ファント》というのが、いわゆる「テレポーテーション」のこととは思っていませんでした。全然知らなかったのです。

FANT《ファント》というのは、「自然の仕組み」のなかの重要な要素のひとつだと入ってきていました。元々FANT《ファント》には、「時空元を変換する」「時空元を移動する」という意味があります。「テレポーテーション」とは、「時空間を移動する」という意味ですけど、時空間を移動するだけでは、実際にはものすごい狭い範囲なのです。「時空元」を移動して、「時空間」を移動するんです。

例えば、UFO。一口にUFOと言っても、それぞれまったく種類が違うのです。種類が違うというのは、機能、役割が全然違うわけです。EXA《エクサ》 PIECO《ピーコ》の進化の度合いに応じて、UFOの役割の質のレベルが全然違います。

「テレポーテーションする」「時空間を移動する」だけの範囲だったら、太陽系のなかだけを移動するレベルのUFOでいいのですが、銀河系レベルの移動をする場合には、時空間移動だけでは無理で、「時空元」を移動して、「時空間」を移動しないかぎり無理なのです。これはもう、UFOの質のレベルが全然違うのです。

そういうことが、だんだんに知らされていくのですが、「テレポーテーションとは何か」というのは、本質的には「FANT《ファント》とは何なのか」を知ることが「時空の仕組み」を学ぶことの基本になり、それはみんなつながっているのです。「生まれるとは何か」「生きるとは何か」「死ぬとは何か」ということも全部、基本的にはFANT《ファント》に関わります。

ミネラルは物質ではなくてエネルギー

そういうことを背景に知らされながら、おうし座のプレアデス星団のアトラス語のFUGEEHEKIN《フゲーエキン》にたどり着くのは、S研究所ができて2年目から3年目に入る頃です。

体験をさせてもらう状態、確認をさせてもらう状態が起きてきて、FUGEEHEKIN《フゲーエキン》という言葉も、私どもは微生物という言葉をずっと使っていたわけですが、不思議なことに、その意味がわからないまま、また、私どもから求めたことは一度もないというのに、微生物学につながるような科学者につながることが起きるのですね。お願いに行っても到底受け取ってもらえる内容ではないことは、最初からわかっていましたから、現役の科学者の先生方にお願いする気持ちというのは全然ありませんでした。ところが、ある意味では、時空がつないでくれているとしか言いようがないような、科学者の方と出会う状態が起きるわけです。

講演活動をさせていただく前は、筑波の研究学園都市の先生方との出会いが起きました。その方はミネラルの研究をされていました。

ミネラルというのも結局、微生物、FUGEHEKIN《フゲーエキン》につながっていきます。惑星地球文化でもそうですが、そのミネラル専門の科学者の先生も、ミネラルは物質と思っていらっしゃいます。ところが、情報では、ミネラルというのは物質ではないのですね。ミネラルというのはエネルギーです。物質の振動波ではなくて、エネルギーの振動波です。

この文化では、岩石からミネラルを抽出するという方法を専門の科学者の先生はとられています。物質的に見ているわけです。実際にはミネラルは、液化しないかぎり、役割はできません。液化した状態で初めて役割をするのです。

固体、液体、気体という分類が、現代科学では非常にあいまいですが、情報では「気体とは何か」「液体とは何か」「固体とは何か」というのも知らされます。

知らされる内容は、こういうことです。最初は断片的に、とにかく、つながっていない状態で脈絡なく浮かんできて、「メモしてください」という観じです。とにかく浮かんできたものは、日時を書いて、メモしていくことをずっと続けていました。それが何年かすると、あるいは何ヶ月かすると、突然つながるという状態が繰り返し起きます。

顕在意識で考えると、あることを具体的に研究しよう、あるいは実現しようと思ったら、順番にステップを踏まないかぎり実現できないという考え方があります。ところが、「自然の仕組み」はそうなっていないのです。

それを繰り返し体験させられます。「いいんです」「今、必要なんです、それが」という観じで入ってきます。それで、何かにつながっているとは思えないけれど、とりあえず書いておくというのを繰り返したのです。

これについてはどう、これについてはどうとやっていくと、いくらでも情報が入るという状態にだんだんなってきますが、それをやりすぎて結局痛い思いをしました。興味本位で一つのことに偏らないことです。これが、「FUE」が中性子の内容を最初に知らされた理由だと思います。

「時空の仕組み」は、調和

要するに、「時空の仕組み、本質は、調和なのです」ということです。この文化ですと、例えば、愛という振動波をすごく重要視しますが、愛よりも遥かに重要なのが調和です。愛は調和がとれていなかったら危険なのです。この地球という惑星の文化では、そういうことが明確に受け取られていないので、愛がものすごく危険な結果を生んでいる部分がたくさんあります。

愛の振動波は陽子ですから、意志があり、力があります。愛というのは力なのですよ。この文化流の現代科学用語で言えば、力の働きをします。

「回転球体素粒波」が「時空の仕組み」の振動波の元

もう一つ重要なのは、この文化は顕在意識で考えていく考え方ですが、現代科学の基本に、要素と要素が組み合わさって要素が組み立てられているという解釈があります。しかし、自然はそうなっていません。要素が組み立てられていくのではないのです。ここが問題なのですね。

振動波で、「回転球体素粒波」という自転公転をし続けている……

今井 回転球体というのはどういうものですか?

足立 こういうふうに描くんですね（P36、図表1参照）。回転球体というのは、球体の粒ですね。これだったら「振動波」はまあいいでしょうという情報が入ってくるのですが、「FUE」がいう「振動波」は、現代科学用語の「振動波」でもないし、それから、精神世界という分野の方が「波動」とか「振動波」とかおっしゃるものとも少し違います。「回転球体素粒波」が「時空の仕組み」の「振動波」を生み出す元で、この一部を、この文化は「波動」とか「振動波」という言葉を使って表現しているだけだというふうに入ってきます。

現代科学で、波動という波を描くと、おそらく海の波を元にしているでしょうから、それは断面図になります。「回転球体素粒波が時空の仕組みの本質です」というのは、自転、公転、自転、公転をしていくのが、「自然の仕組み」の本質の回転の仕方だというのです。

図表１「回転球体素粒波」の図
（『波動の法則』P81 のクォークの正式図に同じ）

これが「時空の仕組み」の振動波の元です。これがまた、球状になっていきます。私たちの文化レベル、現代地球文化のレベルでは、無限というしかないです。現代数学で10の10の10の10の10の……何乗という指数関数で、これが無限になってしまうくらいなのです。

ＦＵＭではこういう符号だらけなのですね。これも宇宙単位でいえば簡単に示す方法がありますが、それを使い出しますと、どこにも伝えられない、伝わらなくなります。だから大変でもこうやって表現してお伝えすることが多いのです。理論物理学者や数学者の方と交流する場合には、現代数学だと「べき」という言葉を使ってある程度は示せますが、でも実際にはそれでは到底間に合いません。

この文化は、組み立てるというと、全部固定されて固まっているのです。考え方として、動いていません。動いてしまうと、現代科学は壊れてしまうのです。全部動いていると、現代科学は成り立たないのです。だから、どうしても固定させないと話が進みません。それがネックになっています。「自然の仕組み」から遠のいてしまうのですね。

全部が回転しながら、しかも、この一点が回転運動をしています。このスケールで言えば、ずっと軸がずれていくのです。全部軸がずれて回転運動してどうなるかというと、手鞠《てまり》の玉のようになっていると言います（P38、図表2参照）。「時空の仕組み」の振動波の元は、

図表２　手鞠状回転概念図

平安時代に使われた毛糸で編んで作ったあの形態になっていると言うのです。

これはものすごく重要です。要するに、FUGEHEKIN《フゲーエキン》を語るにも「時空」を語るにも、「振動波の元は回転球体素粒波」、これが大前提なのです。しかも、どんなにミクロになっても、どんなにマクロになっても、「自然の仕組み」はこうなっていますと言うのです（P40、図表3参照）。

現代科学をベースにした考え方で追究すると、まず、波動、振動波といった場合、ミクロからマクロまで、例えば、ここの部分はどうなってますかと聞くと、この部分のこの状態はこうなってます、と言われるわけです。さらにミクロのこの部分もこうなっています、と言います。ですが、この形態は止まっているのではありません。この「自転公転は軌跡」なのです。

軌道が描いているのは、この存在が回転運動している、通り過ぎた跡なのです。ものすごい速度で回転運動しています。秒速30万㎞なんて、そんなゆっくりでは、時空は成り立たないのですね。

情報では、「時空の仕組み」は、どんなにミクロになっても、どんなにマクロになっても、この「回転球体素粒波」同士は、ぶつからない、接しない、出会わない状態で通り抜ける

図表３　マクロからミクロへの回転概念図

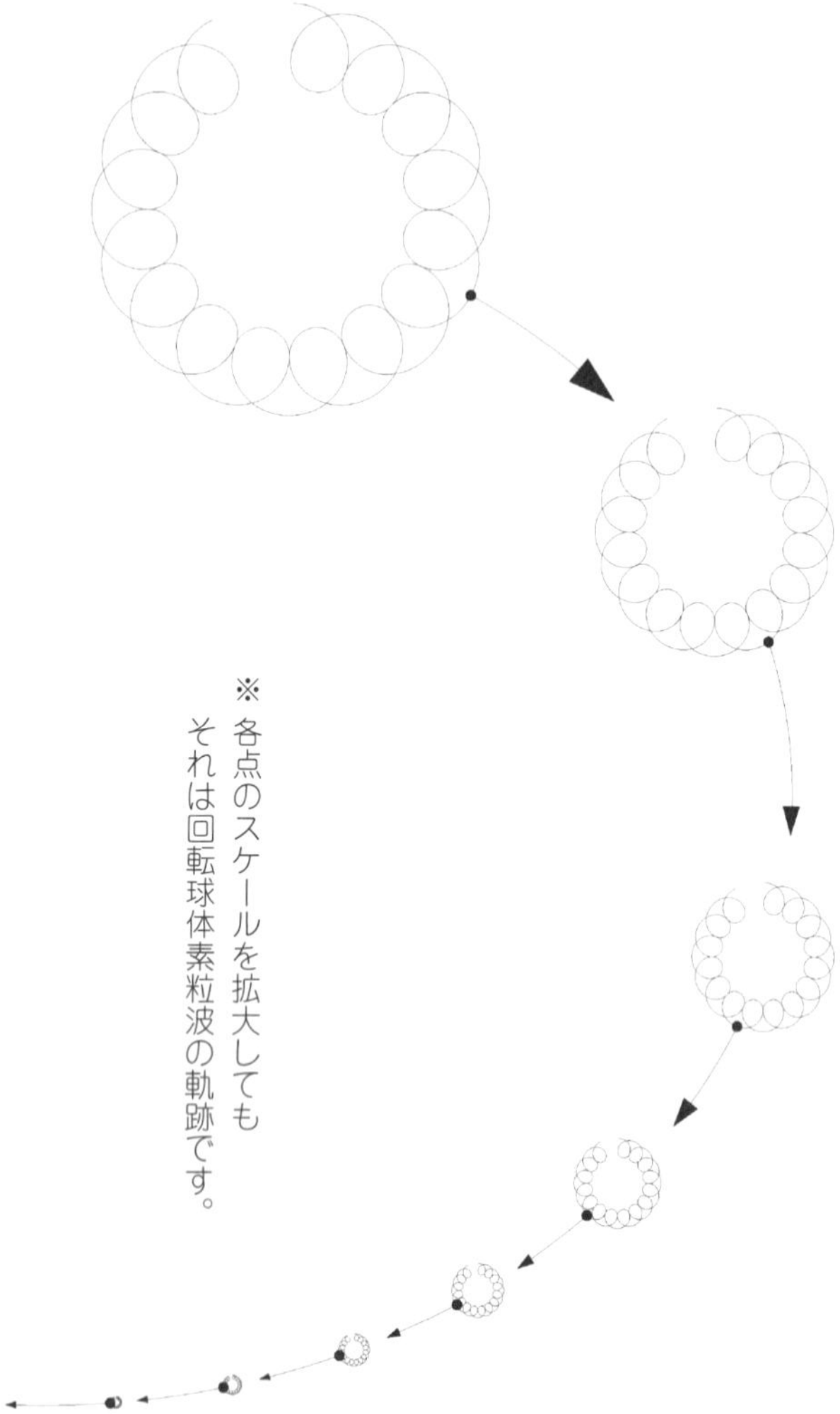

※ 各点のスケールを拡大しても
それは回転球体素粒波の軌跡です。

と言います。ある回転のところに、別の回転の大きいサイクルが通り抜けることがあるわけです。また、ある回転の中に、小さい回転が通り抜けることがあるわけです。

時空は、ミクロからマクロまで全部、自転公転し続けていて、これが調和の元だと言うのです。この場合の公転とは、現代科学でいう公転とは回転の方法も時空元も異なります。真の公転方法・内容については、いずれ機会をみてお伝えしたいと思います。

なぜ、自転公転する必要があるかというと、「回転球体素粒波」というのは、本質的な要素が3つあるからです。

回転球体の素粒波の「回転する速度」、これは非常に重要ですね。速度と、回転球体素粒波の「形態」が、限りなく正常な球体に近い状態で回転する。予定の速度で、回転する。そして、もう一つは「大きさ」です。回転半径と言ってもいいです。

この3つが、回転球体素粒波、「時空の仕組み」の振動波の元だと言います。これが、「ミクロからマクロまで無限に、すべて回転しています」と言うのです。それが、調和した「時空の仕組み」の原点です。

地球も自転して公転しているでしょう。自転公転していないものはないわけです。どんな存在も、太陽も、太陽系自体もしています。銀河系もしていると言うんですね。ものすごくスケールが大きくなると、（動きが）ゆっくりだから、この文化のレベルの天体望遠鏡で、一人の人間が、たかだか100年、120年生きている範囲で観察しても、全然動いていないと思ったら、この現代科学では動いていないとなってしまいます。スケールが大きくなれば、何億年で1回、どのくらい移動したかという状態で変わるものというのはいくらでもあります。そういうものをたくさん知らされています。

FUGEHEKIN《フゲーエキン》というのは逆にものすごいミクロのほうなのです。

FUGEHEKIN《フゲーエキン》は、私どもでは微生物学者の先生と共同研究させていただいています。ウイルス学や微生物学、分子生物学、それから遺伝子工学等、外国の科学者の方々に出会いをいただくことがあるのも、不思議なことに、全部、私どもが学ばせていただく必要のある、現代科学の最先端の科学者の方を時空がつないでくださるんですね。ですから出会いをいただけるのですね。

この「回転球体素粒波」が自転公転している理由はいろいろありますが、なぜその必要があるかというと、「時空の仕組みの本質が調和をとること」だからです、と言うんですね。

調和がとれるには

調和がとれるためには、自転公転が常に必要なのです。

地球で観じてください、というのは、顕在意識で理解できる範囲として、地球という惑星は時空間に対して自転公転していますが、太陽系の中で地球は公転して役割をしています。自転は、地球全体の調和をとる役割をしています。

地球には、非常に調和のとれた地域と不調和な地域がありますが、調和がとれるところはどんどん調和がとれていきます。でも不調和なところはどんどん不調和になっていきます。これは、調和のとれている状態と不調和な状態が、出会うまで体験できない、気づかないわけです。どちらも学ぶチャンスがなかなかないのですね。

もう何年も何十年も戦争している地域、虐殺が行われている地域、それから、何十年も少なくとも戦争をしていない、あるいは場所によっては、何百年も戦争していないようなエリアがあります。そういう状態の振動波というのは、振動波をどんどんマイナーに増幅するか、調和をとる方向に増幅するかをしているわけですが、その状態が出会うことがなければ、確実に偏っていきます。振動波として広がりません。ところが、自転をすれば、その時空間を全部体験する振動波が周りに伝わっていくのです。

これはものすごく重要です。調和というのは、調和がとれている状態も不調和な状態も、調和がとれる必要があります。それが調和なんです。調和がとれればいいわけではないのです。ここが本質の部分なのです。

調和はバランスではなくハーモニー

私たちは一度理解すると、錯覚や誤解してしまう傾向があります。例えば、調和という言葉を、往々にしてバランスと考えてしまう人が多いのです。割合、バランス、という言葉に置き換えてしまいます。これはもう全然違います。英語でいうと、調和は、バランスではなくハーモニーです。バランスというのは、一点だけ均衡がとれる状態で、一つ狂えばひっくり返ってしまいますが、「時空の仕組み」はそうなっていません。

「時空の仕組み」は、ハーモニー、調和です。だから、一つ二つ、100個や200個で、ひっくり返ってしまうようにはつくられていないのです。もしひっくり返ってしまうようであれば、人間はもっと危険だらけです。

心臓一つにしてもそうですね。一生の間に、どのくらいの回数、心臓は血液を送り迎えしているかですね。その安全度はどのくらいかを見るとき、この文化、現代科学の安全度というのは、ものすごく大まかです。「自然の仕組み」から見たら、全然安全とはいえません。それくらい私たちの文化は大まかなのに、厳密で精密だという解釈をしています。

現代科学で言う天文学的数字というのは、「時空の仕組み」そのものから見れば、時空間のスケール感は、天と地の差というか、「時空の仕組み」の本質とは、それくらい差があります。現代科学には、ミクロという言葉があって、ナノメーターのような単位はものすごく小さいという感覚でいますが、これが危険なのです。

微生物

微生物学者の先生には、0．1ミクロンとか、0．01ミクロン以下というのは、ほとんど対象外です。研究対象にならないです。

現代科学の微生物学者の先生が「雑菌」と言っている内容、範囲というのは、ほとんど何にもわかっていないと言っているのと同じです。というのは、現代科学がわかっている微生物に対して、微生物学者の先生は関心をもって研究するわけですが、現代科学はどの分野でも同じで、人間にとって都合がいいとか、人間にとって有益であるとかという方向で働いている微生物に関心をもち、追究しています。

それからもう一つ、微生物学者の先生は、人間にとって都合が悪い働きをした微生物を、病原菌、ウイルスという観点で表現します。これは正常ではない微生物を見つけて研究することが、この文化の微生物学者のほぼ中心になってしまっているからです。微生物を、感謝する方向ではなくて、憎む方向で殺しているんです。「殺菌」なんです。

微生物学者の先生は、ほとんどそうです。今、FUMが共同研究させていただいている5、6人の科学者の先生方は、微生物に感謝をする意識で接しています。そういう方向に意識を変換してくださって交流をさせていただいています。

「自然の仕組み」に適って、調和のとれた方向に本来働いていた微生物。その元になっているのは、分子、原子、原子核、中性子、陽子、電子。それがこの文化でいう、微生物をつくっているものです。大まかに言うと、この文化でいう微生物というのは、分子レベルのものが多いですね。

ウイルスとは

今、この文化では、ウイルスレベルまでがかなりの研究対象になっていますが、ウイルスというのは、原子核または原子、そして一部、中性子、陽子の「回転球体素粒波」の状態が正常に回転していない状態、正常に働けない状態のことをいいます。その結果が、悪さをしている、その結果をけしからんという見方で、ウイルスとか病原菌という表現に変えられます。

それは元々、正常に働いているのです。FUGEHEKIN《フゲーエキン》というのを知らされてわかったことですが、本来の人間（地球人）の身体は、578万種類以上のFUGEHEKIN《フゲーエキン》でできています。FUGEHEKIN《フゲーエキン》が働いてくれているのです。人間の身体を構成して黙々と働いてくれている中性子、陽子、電子のレベルは、FUGEHEKIN《フゲーエキン》が全部つくっているんです。しかも回転運動をしています。

「回転球体素粒波」で運動し続けている状態、接しないで回転している状態が、「自然の仕組み」に適って調和のとれた正常な状態らしいのですが、不調和というのは、あるエネルギーの振動波によって、歪められて起きます。回転の仕方が歪められると、速度が遅くなります。なかには速すぎてしまう場合もあるかもしれませんが、普通は、遅くなります。

遅くなるとどこかに接してしまう。接してしまうと球体から扁平方向の楕円の歪んだ状態になっていく、あるいはちぎれてしまう。この状態が、この文化でいう微生物レベルの、正常に働けないという状態になるらしいのです。

FALF《ファルフ》

その歪んでいる状態のところに、正常に戻す振動波を送ることを、最初に実験しました。それは「FALF《ファルフ》という装置、つまり「自然の仕組み」に適って調和のとれた回転運動をする振動波の図形、を知らされました。それを銅版に掘り込んで何種類かを重ね、「FALF《ファルフ》を造り、子宮ガンの細胞を2つのブロックに分けて、片方は「FALF《ファルフ》の上にのせて培養、片方はのせないで培養した結果、その成果を得ました。

「自然の仕組み」に適って調和のとれた振動波によみがえるようにお手伝いするだけで、殺す必要も憎む必要もまったくないのです。逆に、「お詫びと感謝」なんですよ。ごめんなさい、なんです。

すべてはFUGEHEKIN《フゲーエキン》で構成されている

人間の顕在意識とか本質のEXA《エクサ》 PIECO《ピーコ》やDICAG《ディカグ》というのは、中性子と陽子の振動波で、中性子と陽子は、もっとミクロのFUGEHEKIN《フゲーエキン》によって構成されています。何種類のどういうFUGEHEKIN《フゲーエキン》がこういうふうになって構成している、ということを知らされています。

中性子と陽子を構成しているのもFUGEHEKIN《フゲーエキン》です。FUGEHEKIN《フゲーエキン》がFUGEHEKIN《フゲーエキン》をつくる、これを繰り返しているわけです。ミクロからマクロまで、ずっとそれを繰り返しています。

地球もFUGEHEKIN《フゲーエキン》がつくっています。植物も、微生物も、鉱物もFUGEHEKIN《フゲーエキン》です。微生物が動物の存在を生み出してます。だから、時空を構成しているのは全部、FUGEHEKIN《フゲーエキン》なのです。

ガン細胞は、中性子、陽子レベルからの歪み

正常に戻す振動波を送ることによって、歪んでいる状態を正常に戻せばいいのです。そのことを、最初に具体的に確認できたのは、中村国衛先生が実験に協力してくださったからです。

最初の時期は、国衛先生・良子先生ご夫妻も、殺菌して殺すという考えでした。それで、正常になるという状態はどういうことなのか。微生物さん、ウイルスだと、見えないのです。細胞レベルであれば、見えますね。だから、「細胞レベルで確認してください」と時空に知らされた通りに、歪められた細胞を正常に戻すことをしました。

ガン細胞というのは、中性子が歪んでいるだけではなくて、陽子まで歪んでしまって、原子核が歪んで、結局、原子が歪んで、分子が歪んで、細胞が歪むという状態で、そこまでくると、この文化ではガン細胞という言い方をします。その状態を正常な状態に戻していきます。振動波で、形態がまず正常になっていくということです。

予備的な実験で、形態が正常に戻るかどうかを確認していただいたところ、2週間くらいで確かに、子宮ガンの細胞が、正常な子宮の細胞の形態によみがえり始めているという

確認をしていただきました。本当に予備的な実験です。

少なくとも殺す必要はありません。正常な形態に戻せばいいのです。そういう振動波を送ればいいのです。そういう振動波を送る甦生《そせい》化装置をFALF《ファルフ》といいます。

これは、現代科学の最先端の科学者が協力してくださって初めて確認できた、私どもとしてはかけがえのない体験でした。これがなかったら、FUEはありませんでした。ましてやNINNA《ニンナ》研究会なんて絶対生まれませんでした。

NINNA《ニンナ》とは

NINNA《ニンナ》というのはFUGEHEKIN《フゲーエキン》のことです。カシオペア座のベータ星語で、正常なFUGEHEKIN《フゲーエキン》のことをNINNA《ニンナ》と呼びます。正確には、時空から生まれる正常なFUGEHEKIN《フゲーエキン》のことをFUGEHUKON《フゲーウコン》＝NINNA《ニンナ》と言います。そしてFUGEHEKIN《フゲーエキン》=NINNES《ニンネス》。FUGEHEKIN《フゲーエキン》というのは、おうし座のプレアデス星団のアトラス星語で、『波動の法則』の本の頃は、私にはそうした各星座の言葉の違いがわかりませんでした。宇宙語と言っていただけで、FIDA《フィーダ》語（惑星連合の言葉）とか、いろいろな星の言葉が入ってしまっていたのです。

このFUGEHEKIN《フゲーエキン》の研究に入った時期には、FUGEHEKIN《フゲーエキン》という総称で言っていました。FUGEHEKIN《フゲーエキン》というのは、歪んでいるのも歪んでないのも、全部含めての総称で、この文化の微生物のこともFUGEHEKIN《フゲーエキン》と言うのですね。

ミクロの状態で言えば、FUGEHEKIN《フゲーエキン》は、10の３４００万乗段階まであると言います（２０１４年3月現在の情報。以前の情報では、10の65万乗段階までわかっていた）。指数関数でいわないで、1段階目、2段階目というふうに順番に追っていくと、ずっときて、1兆段階とか、10兆段階とかになって、１０００兆段階で、10の15乗くらいですか、確か、ゼロが14か15くらいだと思います。そうやってきて、私どもが今知らされている範囲というのは、10の３４００万乗段階です。

ですから、このミクロのスケールというのは、途方もないスケールのミクロなんですね。

現代文化の科学者、微生物学者の先生は、1、2、3、4段階から、5段階の範囲というと、もうほとんどいろいろなことがわからない状態になっています。ミクロと言っても、微生物学者の先生方の研究範囲のスケールは、4段階目くらいです。この5段階くらいから6段階目くらいまでが、ナノメーターの範囲ではないでしょうか。

ここから先というのは、まったく現代科学の意識の中にはありません。ところが、中性子とか陽子を構成しているのは、ただの6段階から先、12段階くらいまでです。

NINNA《ニンナ》水

FUEは、いろいろな形でFUGEHEKIN《フゲーエキン》さんと交流しながら協力いただいて、その方に必要なお水を生み出します。現代医学で、骨髄移植をしないと絶対死んでしまいますよ、といわれるくらいの方から相談をいただいたときにお手伝いして、現実に正常に回復した方もいらっしゃいます。

FUEとしては、現代医学の微生物の範囲をはるかに超えて、ミクロの範囲の微生物さんと交流させていただいています。

この文化で言うと、普通のお水なんですよ。現代科学がどんなに分析しても、ただの水だとなってしまいます。でも、振動波ではまったく違うのは、FUEのスタッフにはすぐわかります。まるで違う振動波だって。

今井　味も違うのですか？

足立　そうですね。味でわかる範囲ぐらいまでの違いで、おいしいとか甘いとか、そういう感覚はもちろんあります。

でも味というのは、人間の舌で感知できるものは、10の何乗Hzという限界がありますから、その先になったミクロの状態というのは、区別がつかないですね。あとはみんな同じ味です。でも「何か違うな」という感じはわかります。

今のお話で大事なのは、「時空の仕組み」は、調和がベースになっていて、しかもそれは、「回転球体素粒波」が、自転公転をしているのだということです。それからもう一つ大事なのは、これは形態が固定化されて組み立てられるのではなくて、全部、軌跡だということです。

時空はそうなっているというんですね。アナログだという意味は、そういう意味なのです。一体化して、軌跡がつながっています。

どんなミクロになっても、時空間は、石鹸の泡みたいに網の目の状態になっていて、FUGEHEKIN《フゲーエキン》が回転運動していて、くっつかずに、常に通り抜けている、というのが情報です。それが一体化しているから、そのなかの一部が、振動波の変化でこうなっているだけだというんです。

現代物理学のアインシュタインさんたちが言っている相対性理論や何かの場の理論とかは、一断面として、「時空の仕組み」の意味を正確に受け止めている部分がありますね。「時空の仕組み」の場の状態が、ある条件によって振動波が変化すれば、こういうものが生み出されるとか、人間でも、動物でも、植物でも、時空間の中にそういう形で存在しているというのは、まさに本質的にも、この仕組みから言えば、なるほどそうなんだなということなのです。

今から15年くらい前、『波動の法則』の本が出た頃の地球人の60％くらいは、５７８万種類ぐらいのFUGEHEKIN《フゲーエキン》でできていました。今、それがもっと歪んでしまっています。正常なFUGEHEKIN《フゲーエキン》さんが減ってきています。その結果、何が起きているかというと、科学者がたくさん使う用語の「免疫力が落ちる」ことが起きています。

免疫力

　免疫力という言葉は、あいまいな用語です。現代科学用語の中で、あいまいな用語がたくさんあるなかの、代表的なものですね。

　共同研究させていただいている科学者の先生の発言の中で、そのとき免疫と言われたのは、これは分子レベルだな、これは原子レベルで、これは中性子レベルで言われてるな、という違いがあるのです。でも現代科学は、そのようなことはお構いなしです。免疫力の低下とか、免疫力が増すとか、自然治癒力とかという言葉になってしまいます。

　大事なことは、「回転球体素粒波」が、どの部分で「自然の仕組み」に適って調和のとれた方向に正常化する必要があるか、ということです。それぞれ違うのです。

　病気のメッセージというのも、みなそれです。

　578万種類の微生物が、回転運動して、日夜、黙々と働いてくれています。「自然の仕組み」はそうなっているのです。

　もう一つ重要なことをお伝えしますと、これだけの時空間スケールという言い方をすれば、私たちの文化というのは、ミクロと言っても、ミクロのなかのマクロの部分の研究をしているわけです。ですから、本当のミクロというのは、10の3400万乗段階に向かって研究をしなければなりません。

　非常に危険なのは、私たちの文化レベルではミクロの研究をしていても、「時空の仕組み」から見ると非常にマクロの部分であることを、私たちが自覚できないということです。何が危険かというと、この範囲のものだから大して影響ないだろうという解釈を、科学者はします。医学は科学をベースにした文化ですから、現代医学にのっとって、このレベルだったらそんなに影響しないだろうという解釈をいろいろするのです。ところが、「時空の仕組み」で見たら、それはものすごく影響します。

　例えば、人間の意識と意志というのは、中性子、陽子の存在の振動波だということを、この文化は受け入れていません。共同研究してくださる科学者は、現代科学者として理解はできないけれども、でも現象として結果が出てしまうから、受け入れざるを得ないと認めてくださいます。私どもでは、先に情報が入ってきて、それを実験で協力をいただくと結果が出ることがありますから、現代科学者として説明はできないけど、受け入れざるを得ないということがあり、共同研究してくださる元になっています。

陽子と陽子をぶつける加速器は危険

同じように、物理学でも危険なのは、ヨーロッパの地下にある直径が山手線の距離より少し短いトンネルを造って、陽子と陽子に加速度を加えて、ぶつける装置です。5千億円以上をかけて行われ、日本の科学者も百何十人か協力しています。陽子レベルでぶつけているのは、ミクロの範囲ですが、ぶつけたらブラックホールができてしまうという感覚は、科学者の中には感じている方もいます。理論物理学の分野や実験物理学の分野の接点の中にそういうのがあるはずですから、本当はよくないと感じている方もあるわけです。

ですけど、ミクロの範囲だからいいか。ここが問題なのです。「時空の仕組み」から見れば、これはもう全然ミクロではありません。問題はそこなのです。

これを生み出す実験は、ものすごく地球を歪めていきます。地球という惑星の文化を歪めていき、意識体を歪めていきます。ものすごくFUGEHEKIN《フゲーエキン》に影響してしまいます。でも、私たちの文化は気づいていません。ミクロの部分では、そういう例はたくさんあります。

例えば、原子力発電所の安全だといわれる廃水。測定器でゼロとなるものは、測定器で測定できない範囲か、最初から測定していないかのどちらかです。わかっている範囲だけでやるという、そこが問題です。

ある微生物学者の先生の研究室へ何度も通った時期のことです。その大学には原子力研究室もあり「安全です」と書いてあって、廃液が目の前に流れている箇所もありました。微生物学者の先生の研究室へ行くときに、そこを通って「うわー、これが安全か」という体験をするわけです。「この振動波が安全なんだ」ってね。

測定器

私たちの文化は、本当にいかに大まかかということですね。ある外国の科学者とも意見が一致しましたが、安全基準というのも大まかです。だからわれわれ共同研究で一番先にやらなければならないのは、測定器の開発なのです。ミクロすぎて測定できる機械がないのですから。

「時空の仕組み」の本質の発見をして、これを現代科学にわかってもらおうとしたら、最初に測定器を開発する必要があります。ところが、測定器を開発してもだめだということが、わかりました。

　といいますのは、それだけミクロのものを測定する測定器では、どういうことが起きるかといいますと、人間側の中性子と陽子、意識と意志、科学者の「そんなことあるわけない」と思い続けてやった場合には、その強い干渉波を受けて、「そんなことあるわけない」結果を、その測定器のEXA《エクサ》 PIECO《ピーコ》さんが出してしまうのです。だから、測定器を開発しても意味がない、ということまでわかってしまいました。

　中性子、陽子というのは、この6段階から12段階ぐらいまで、何種類かのFUGEHEKIN《フゲーエキン》で構成されています。人間の中性子、陽子は、それよりミクロのFUGEHEKIN《フゲーエキン》さんに、めちゃめちゃに影響してしまいます。ものすごいエネルギーだからです。

　実は、FUGEHEKIN《フゲーエキン》さんの世界がものすごく歪められるのは、そこの部分です。空気も土も光も水も、みんなFUGEHEKIN《フゲーエキン》でできているのですから、人間の意識と意志が、自我と欲を拡大すれば、全部影響して歪めていきます。

　これを現代科学者の方にお伝えしても、中性子と陽子の振動波が意識と意志の振動波だということを受け入れてくれないかぎりは、まったく始まりません。ですから、現代科学ではまず無理なのです。受け入れてもらえないのです。

現代科学者の中の意識の変換

ですが、共鳴してくださる先生方が実際にはいらっしゃるから、ありがたいことです。しかも外国の最先端で宇宙開発する科学者や宇宙飛行士も含めて、共同研究をさせていただく機会が現実にありましたので、体験された方はおわかりになります。

理解ではなくて、実際に宇宙飛行士は、宇宙ステーションで長期間、半年も1年もいると体験できます。1週間、2週間で帰ってきたら、難しいですね。最近では日本人でも宇宙ステーションに何ヶ月か行く状態も起きていますから、素直に謙虚にそういう体験をすれば、変わり始めるはずです。宇宙飛行士の中には、意識の変換が起きて、進化してしまった方がいらっしゃいます。それで、あちらからそういう話が出てきましたから。

ですが、顕在意識でガードを堅くしていれば、どれだけ宇宙ステーションにいても体験は起きないでしょう。現代科学者としての明確な意識と、もう一つは、自我や欲を強くもっていて、名誉欲、地位欲も全部でガードをしてたら、何ヶ月いても変わらないですね。受け入れないでしょうから。

FUGEHEKIN《フゲーエキン》は一対で生まれる

話を戻しますと、時空に存在するものはすべて「回転球体素粒波」で、その運動をしています。FUGEHEKIN《フゲーエキン》というのは全部その運動をしています。そして現時点では、10の3400万乗段階まで知らされています。

FUGEHEKIN《フゲーエキン》が、現代科学の微生物学者のいう微生物と一番違う部分は、FUGEHEKIN《フゲーエキン》の3段階以降は、すべて一対で生まれるという点です。「自然の仕組み」では、必ず一対で生まれます。ここが重要です。

NINNA《ニンナ》は、カシオペア語で、FUGEHEKIN《フゲーエキン》の正常な状態のことと言いましたね。プレアデスのアトラス語で言うと、FUGEHUKON《フゲーウコン》と言います。

FUGEHUKON《フゲーウコン》は正常なFUGEHEKIN《フゲーエキン》のことです。FUGEHEKIN《フゲーエキン》ではなくて、FUGEHUKON《フゲーウコン》。「KIN《キン》」というのも宇宙語です。これ、漢字の「菌《きん》」じゃないですから、勘違いしないでくださいね。FUGEHEKIN《フゲーエキン》というのは、宇宙語そのものなんです。逆に「菌《きん》」は、宇宙語からそれをとっています。地球の言葉や日本語は宇宙語の語源がたくさんありますから。

FUGEHEKIN《フゲーエキン》という言葉は、FUGEHEKINというふうにアルファベットで入ってきます。これが日本語の「菌《きん》」という字になっていると思います。

おもしろいですよ。科学用語には、たくさんの宇宙語が入ってます。プレアデス語、おうし座系、金星（金星はおうし座系）、カシオペア座系、それから小熊座系の言葉がすごく多いんです。地球が影響を受けたからですね。サポートを受けた星ですからね。

NINNA《ニンナ》と同じという場合には、FUGEHEKIN《フゲーエキン》ではなくてFUGEHUKON《フゲーウコン》と正確に言わなくてはいけません。FUEでもごちゃまぜにしてしまうことが多いのですが。

FUGEHEKIN《フゲーエキン》が一対で生まれるというのは、こういうことです。「自然の仕組み」は調和です。ですから、分解する側の微生物と、組み立てる側の微生物とが、常に一対で生まれます。偏らないんです。

地球人のEGHO《エゴ》の文化は「早く・大きく・たくさん」

ここが問題なんです。人間の都合で、どちらかを求めてしまうわけです。特に、地球人のEGHO《エゴ》の文化というのは、「早く・大きく・たくさん」を求めます。すべての分野で、人間に対しても、動物に対しても、植物に対しても、微生物でも、鉱物でも、全部に「早く・大きく・たくさん」欲しいんですね。人間に都合がいいように。逆に、人間に都合の悪いのは、「早く・大きく・たくさん」除きたいわけです。

全部、それをやっています。例えば、農業で野菜や穀物などを作ると、「早く・大きく・たくさん」欲しいわけです。果物でも何でも、単位面積あたりの収穫率を多くしたいわけです。その結果、何が開発されたかというと、「肥料」です。

現代科学が、原子爆弾を開発したのも、それを落としたのも、もちろん一番問題ありです。これは目に見えてわかりやすいものですね。でももっとすごい現代科学が、地球を破滅の方向に向かう協力をしているのです。殺菌剤、殺虫剤、肥料、要するに農薬系統です。これは、あらゆる微生物を歪めてきています。

病気のメッセージの元は、基本的にそこが一番大きいのです。「自然の仕組み」に反したFUGEHEKIN《フゲーエキン》を鳥インフルエンザとか、狂牛病とか、口蹄疫《こうていえき》とかいろいろ言って、うつらないようにするでしょう。実際には不可能なんですね。振動波で、しかも自転して公転していますから、すべてに万遍なくその状態が伝わるように起きています。

何をどうやっても、最終的には防げないのです。「回転球体素粒波」は、必ず全部に万遍なく調和をとるのです。そして「気づいてください」です。「気づいてください。気づいてないところは気づいてください。自分のところでは調和がとれていても、今、そういう問題が地球のどこかに起きていることに気づいてください」。本質に気づいたら、改善する方向に実行するしかありません。

でも、気づいても実行しないのが私たちの文化です。ですから、どんどんマイナーを増幅し続けて、行き着くところへ向かってしまっているらしいです。

微生物は、少なくとも3段階以降は一対で生まれ、しかも、一対で生まれている状態は、生まれるときに分離していて別々の時空元に生まれます。「自然の仕組み」は本当にうまくできてます。

私どものFUGEHEKIN《フゲーエキン》の研究では、まだわからないものだらけですけど、別のところに一対が生まれるという状態を知らされています。

その一対を、一匹一匹と言うにはあまりにもミクロすぎて、「FUE」では宇宙語を使っています。一匹っていうのは「何か変だよね」ということで、プレアデスのアトラス語でAREVOS《アレボス》という言葉があるのですけど、1AREVOS《アレボス》とか、1000AREVOS《アレボス》とか、

10万AREVOS《アレボス》とか言っています。

これがネットワークをつくった集合体になると、役割が変わって、時空元移動してしまいます。この文化で言えば、一匹一匹の役割はあるとしても、微生物って基本的に一匹一匹で活動することはありません。集合体で、何匹単位、何AREVOS《アレボス》で、役割が変わります。役割が変わると、「時空元移動」するのです。

ゼロ、無という考えは、EGHO《エゴ》の文化の象徴

生まれるということ、死ぬということ、ゼロという考え、無いという考えが、EGHO《エゴ》の文化の象徴とも言えます。

「ゼロ」という考え方は、マイナス2の振動波ですから、「無い」という考え方は人間の都合です。特に現代科学ですね。現代数学や現代物理学は、「ゼロ」がないと、説明がつきません。理論が組み立てられないと言うのですね。「無い」という解釈をすると先へ進める、というのがあって、理論物理学の科学者は、「ゼロ」がないと始まらないから、という感じになってしまうのですね。現代科学が成り立たなくなってしまうから。

問題はそこなのですが、生まれるということは、FANT《ファント》することなのです。生まれるというのは、時空元移動することで、無くなるのではないんです。死ぬということも同じで、時空元移動するのです。

人間のボディを置いていくというのも、EXA《エクサ》 PIECO《ピーコ》さんはボディから離れて、確実に時空元移動するわけです。肉体は、分解するほうのFUGEHEKIN《フゲーエキン》さんが協力してくれます。「時空の仕組み」は、ちゃんとサイクルになっていて分解していくわけですが、無くなることはあり得ません。「時空の仕組み」の振動波として、必ず、変換しているのです。分解はするけれど、ゼロはなくて、ものすごい状態で時空元を移動しながら、光になるか、空気になるか、土になるか、水になるか、宇宙で大まかに言えば、最終的にそういう範囲に変換するだけです。無くなってはいなくて、そこからFUGEHEKIN《フゲーエキン》として、時空で新しくちゃんと再構築されます。時空と一体化していくわけですね、最終的には。ですから、生態系が循環するというのも、全部、そういう意味では、「自然の仕組み」そのものなのです。人間もその一員ですから、無くなるのではなくて、FANT《ファント》します。テレポーテーションしているのです。

時空元が移動して時空間を移動するから、時空元がずれると出会えません。いない状態になるから、ゼロという概念と、無い、見えないという概念が、地球レベルの文化では生まれたのでしょう。

それを基にして宇宙、時空を理解しようとすると、どんどん歪んでいってしまいます。都合のいい解釈をしてしまうのですね。無いとなると、「自然の仕組み」に対して平気で無責任な行動をとれたり、結果的には不調和な行動をとってしまいます。

ですが、無くなることはないんだということが明確になってくれば、どこかに影響を与えて迷惑をかけてしまうというのがわかります。この自覚が重要なのです。自覚をすることが基本です。

偏ってしまった農業

FUGEHEKIN《フゲーエキン》さんがちゃんと一対で生まれて、分解する側と組み立てる側で生まれるから、調和がとれていき、偏らない。それを人間の都合で、「早く・大きく・たくさん」を求める方向で、そちらのFUGEHEKIN《フゲーエキン》さんを可愛がって、たくさん生産して、「早く・大きく・たくさん」を生み出す状態が、科学者、技術者の協力でいろいろな農薬を開発し世界じゅうの農業に全面的に広がってしまいました。その結果、EM菌のような大切な役割をする分解側の微生物が生み出されたようです。

農業で「早く・大きく・たくさん」ということで、微生物さんの組み立てるほうを可愛がったから、組み立てる側のFUGEHEKIN《フゲーエキン》がものすごく増えてしまいました。しかも化学薬品を使って、歪んでいる状態で生産し、その結果、何が起きたかといいますと、空気も土も水も光も、その影響で、最終的に農業の土の部分はすごく偏ってしまいました。

偏ってしまった状態で何が起きているかといいますと、要するに収穫率が多いほうの微生物を可愛がったということですから、分解するほうの微生物を思いっきり虐待して、排除して殺したわけです。

「時空の仕組み」では、次のミクロの段階の物質の状態に分解すると、その物質が回転運動をして次のミクロのエネルギーの振動波に変換し、更にエネルギーの振動波がまた回転運動をし変換して、時空がさらに変換サイクルで次のミクロの物質を生み出すことが行われています。これと同様に、マクロ側に向かっても、物質とエネルギーの変換サイクルは逆回転で延々と成り立っているという情報です。

分解する側の微生物を、宇宙語でBEFOJENIS《ベホジェニス》、組み立てる側をEGUKENEQ《エグケネック》と言っていますが、そういう2種類が、常に生み出されています。

一対で生まれるから、調和が保たれ続けるわけです。その代わり、収穫率も急激に増えることはないし、それから、成長も急激に成長することもないし、急激に大きくなることもあり得ません。

同時に、小さくて少量で凝縮されたエネルギーと、物質の振動波と、それからFUGEEKIN《フゲーエキン》さんの振動波。この3つが結果として「自然の仕組み」に適って調和のとれた物質、物体として、食べ物、食材という形で生み出されて意味があるわけです。

ですから、必要以上には大きくならない。それから、やたらに早くならない。そして、適切な収穫量。これが調和です。「自然の仕組み」のそのエリアに対して、空気と土と光と水によって、適切な量のものが生み出されるのです。

生態系の循環というのは、どれだけ調和のとれた状態で、地球という惑星のボディが正常に進化できるか。D.K《ドクトル》 GUJOHUS《グジョウス》さんという意識体（地球を生み出した存在）が、それを地球という惑星で体験して学んでいます。その生態系の一要素として、人間は、EXA《エクサ》 PIECO《ピーコ》がまだ未熟な段階です。しかしいずれは地球レベルの惑星のEXA《エクサ》 PIECO《ピーコ》さんの方向に進化していきます。

それが何億年後か、何十億年後かわかりませんが、いずれにしても、体験して学んで、EXA PIECO《エクサピーコ》さんは進化します。その状態で体験して、役割をしているのです。

正常な FUGEHEKIN《フゲーエキン》

もう一つ FUGEHEKIN《フゲーエキン》さんについて重要なことをお伝えしますと、『波動の法則』の本でもちらっと伝えていますが、例えば、正常に働けない状態になって、FUGEHEKIN《フゲーエキン》が正常に細胞をつくれない、正常に心臓も肝臓もつくれないという状態になって、結果が、病気というメッセージになるわけです。

正常な FUGEHEKIN《フゲーエキン》であれば、正常に黙々と働き続けてくれます。それは、物質の新陳代謝、エネルギーの新陳代謝と、BEFOJENIS《ベホジェニス》系と EGUKENEQ《エグケネック》系の FUGEHEKIN《フゲーエキン》が、回転運動して、心臓も肝臓も腎臓もみんなつくると同時に、排泄物も全部、分解するものは分解して、吸収するものは吸収してと、全部 FUGEHEKIN《フゲーエキン》さんがやってくれます。血管も血液もつくります。

エネルギーの振動波で、髄液とリンパ液と血液とホルモン、この4つが、一番元になるエネルギーの振動波です。生きていられる元は、この振動波なのです。だから人間は、新陳代謝しています。これらのどこが狂ってもだめなのです。

ホルモン

病気のメッセージの一番元になるのは、ホルモンです。それが全部の微調整をしてくれています。ものすごく微量でデリケートな分量を、ものすごくデリケートなタイミングに、振動波で送ります。

現代科学や医学では、ホルモンは、物質ないしは液体と思っています。でもホルモンは、物質、固体でも液体でもなくて、しいていえば気体状です。時空元が違う状態で働いています。そして本来、ホルモンとは、FUGEHUKON《フゲーウコン》の単体のEGUKENEQ《エグケネック》で、物質や物体化の方向に働く役割をし、酵素は反対に単体のBEFOJENIS《ベホジェニス》で、分解する側に働くFUGEHUKON《フゲーウコン》を意味します。

ですから実際に、ホルモンを液体で取り入れたり、薬で飲むという状態というのは、ものすごい量を飲んでしまっていることになります。身体に絶対良くありません。膨大な量を飲んでしまうわけですから。

いらないのは排泄してください、という方法なのですけど、過分にあれば、他に影響してしまいます。基本的には、この文化流に言えば、気体ですから。気体と言っても、時空元が変わって見えないのですが。

髄液が元で、リンパ液からホルモンが分泌されます。大事なのは、ホルモンが、液体の中で気化していることです。空気が気化しているのと同じです。溶けていないんです。必要な状態のときに気体として出ます。それが、人間の身体の肉体のなかだけではなくて、外側に関係しているのです。『波動の法則』の本でもお伝えしているCEK《セク》の振動波。チャクラを通じて、CEK《セク》の振動波を通して、人間の身体のどこに必要かという状態で分泌しています。

病気のメッセージは、基本的に、ホルモンや酵素が正常でない状態を知らされて始まることが多いです。

『波動の法則』の本でお伝えしている、ガン細胞を例にあげると、中性子や陽子が歪んで、原子核、原子が歪んで、という状態が起きますから、振動波はすごく下がります。不調和になっていくわけです。ですが、そのメッセージを送っているFUGEHEKIN《フゲーエキン》さん自身は、ガン細胞やそういう振動波が下がっている状態よりも、高い段階です。

　この意味がわからなくて、質問をいただいても、意味はわかりませんとお伝えしていましたが、今は明確にお伝えできます。

FUGEHEKIN《フゲーエキン》が「時空の仕組み」の元になっている

　FUGEHEKIN《フゲーエキン》の研究をここ10年以上続けて言えることとは、FUGEHEKIN《フゲーエキン》さんというのは、「時空の仕組み」の元になっていることです。先ほどご説明した10の３４００万乗段階というのは、意識と意志の振動波と言っていいものですが、分解するほうも、組み立てるほうも、意識と意志の振動波として元になっているのが、10の３４００万乗段階のFUGEHEKIN《フゲーエキン》さんです。

　FUGEHEKIN《フゲーエキン》さんが時空を構成していて、原子核の集合体が、中性子と陽子でできていて、その回転の仕方が、物体化しない回転の仕方の中性子と陽子が原子核の集合体で、それがEXA《エクサ》 PIECO《ピーコ》という意識と意志の本質になっている、それが私たち地球の文化のレベルでは一番適切な説明ではないかということです。

ですから、FUGEHEKIN《フゲーエキン》のこういう部分については、今の文化でお伝えする段階ではありません。これは全部「理解」になってしまいますから。

私たちの文化

地球という惑星の文化が、中性子と陽子の振動波が、意識と意志だということ。それが伝えられて初めて、惑星地球文化を顕在意識でつくるのではなくて、EXA《エクサ》 PIECO《ピーコ》同士で交流して文化を築いている本来の惑星の姿によみがえれば、今のFUGEHEKIN《フゲーエキン》の一対で生まれてくるBEFOJENIS《ベホジェニス》とEGUKENEQ《エグケネック》という存在が、実はこういうふうに役割をしていくのです、と伝えられるのです。

文化がそうならないと、顕在意識で理解してしまうのです。そして都合のいいものを利用してしまいます。都合のいいように解釈して、逆にEGHO《エゴ》を増幅してしまうのです。ですが、理解するのではなくて、文化が気づいた状態になれば受け止められます。EXA《エクサ》 PIECO《ピーコ》同士が交流すると、やたらに物に対して八つ当たりして壊したり蹴飛ばしたりできないのです。EXA《エクサ》 PIECO《ピーコ》と交流するのですから。顕在意識だからそれができるのです。

お花や雑草だとか、害虫だとか、益虫だとかという言葉が使えないです。そういう差別はできないのです。

役割とハンデ

役割の違いを明確に自覚することは重要です。人間同士もそうですね。

どんな違いかというのは、例えばこの文化では、ハンデを負うという言葉を使い、ハンデを負う方に、協力、お手伝い、助けるという言葉になってしまいます。ですが、そうではないのですね。ハンデを負うのではなくて、EXA《エクサ》 PIECO《ピーコ》が自らプログラムをしてきて、今回、こういう体験をするために、こういうテーマでこういう人間として生まれて、「時空の仕組み」とは何かを学ぶ。そしてそのとき、そうやって学ぶ人間として代わりがきかない役割を、他の人間に伝えていく。ハンデキャップがあるという解釈自体がEGO《エゴ》なのです。

EXA《エクサ》 PIECO《ピーコ》さんがプログラムして、そういう人間として生まれてくるのです。そして、体験して学ぶ。そういう人間として生まれて初めて「人間とは何か」を学びます。例えば、五体満足で健常者だったら体験できないことを体験して、初めてそれを伝えることができる。そして、その文化がさらに、「自然の仕組みの一部としての人間とは何か」の方向に学べて進化する。こういう役割はすべての人間にあるのです。

代わりがきかないことで学ばせてもらえるわけですから、どんな状態も「差別」ではなくて「区別」で、自覚をして、お互いに認め合って、尊敬の念をもって、心から思いやりを込めて、そして、「学ばせていただく」ということのようです。

人間同士だけではなくて、実は、人間と動物、人間と植物、動物と植物、人間と微生物、人間と鉱物、全部、EXA PIECO《エクサ ピーコ》で交流すれば、そのようになっているわけです。その方向に振動波で交流しましょうとFUEがお伝えする役割、活動というのは、そこの部分なのです。

EXA PIECO《エクサ ピーコ》で文化が築かれる状態にならないかぎり、惑星が正常によみがえれないのです。顕在意識で文化を築いているかぎり、正常によみがえることはありません。

ここではFUGEHEKIN《フゲーエキン》さんについては、大まかに「時空の仕組み」全体を、時空間そのものを構成しているとお伝えさせていただきます。

今も、『波動の法則』の範囲でお伝えしているのは、EXA PIECO《エクサ ピーコ》が時空間を構成しているということですが、EXA《エクサ》 PIECO《ピーコ》自体はFUGEHEKIN《フゲーエキン》で構成されています。中性子と陽子もFUGEHEKIN《フゲーエキン》がつくっていて、原子核もFUGEHEKIN《フゲーエキン》がつくっています。そこには、物質物体化するか、物質物体化しない状態かの役割の違いがあって、時空元が違ってくるだけです。FUGEHEKIN《フゲーエキン》さんは、そういう役割もします。

時空そのものを構成しているのは、FUGEHEKIN《フゲーエキン》だというのが、今、お伝えできる範囲だと思います。

大事なのは回転の仕方

現代医学では、ある範囲の部分を切ったり、取り除いたりするような、現象が起きたところだけを治療する方法をとります。ですが、本来大事なのは、回転の仕方です。FUEでは、「自然の仕組み」に適って調和のとれた方向に回転をしていただく振動波を送ることをしています。

ガン細胞というのは、典型的な人間が地球にやっている行為を、同じように人間一人一人の細胞に行って、メッセージを送ってくれています。

地球人が、このままずっと地球を痛めつけていけば、地球が終わってしまいますね。地球という星が、確実に破滅します。それは、地球人が住めなくなるということです。ガン細胞も同じことをやってくれています。正常な細胞をどんどん侵していくわけです。侵し尽くしてボディを失ってしまうと、ガン細胞は自分自身も破滅します。

ガン細胞は逆回転

今井　ガン細胞は、R回転なのですか？

足立　ガン細胞とは、おおざっぱに言いますと、中性子、陽子が「自然の仕組み」に反した逆回転をした状態で構成された原子、分子からできている細胞の一種で、逆回転をする意識（中性子）で生み出して、その状態がだんだん広がっていきます。

逆回転をする状態になっている部分があればあるほど、いろいろな病気のメッセージになります。病気の種類は、FUGEEKIN《フゲーエキン》さんの種類とか、役割とか、回転の仕方によって、病気の現象が違う形で出てきます。

要するに、逆回転をするという意識、人間の自我と欲、自分自身が病気をつくっています。意識は病気の万病の元になるというような、いろいろなことわざや何かがありますね。まさにその通りなのです。

回転の問題は非常に重要なことですが、ここでは概略をお伝えしておきます。

「FUE」では、研究所内で回転の仕方について常にあらゆる存在や現象に対して、確認し、チェックをしています。実は、宇宙は、左（L）回転の時空と右（R）回転の時空が同時に存在し、この二つはすべての時点で接しているために、時空元が異なっていて、本質的には絶対に出会うことがなく、同時に、同じ事象が両者に生じ、同じ結果が起きる仕組みになっているようです。そして、私たちの体験している時空は、左（L）回転時空に所属しており、「自然の仕組み」に適って調和のとれた状態とは、そこに存在するすべての事象、エネルギー、物など、ミクロからマクロまで、左回転によって成り立っているということです。従って、私たち人間はもちろん、動物も、植物も、鉱物も、微生物も、当然、原子も、原子核も、中性子も、陽子も電子も、それらすべてのおおもとの「FUGEHEKIN《フゲーエキン》」さんも、左（L）回転することが調和の原点です。つまり、自我と欲を必要以上に出すことは、中性子（意識）と陽子（意志）が逆回転をすることになり、周りと接したり、衝突したりして時空を歪め、「自然の法則」に反する不調和な振動波が生じ、いろいろトラブルを起こす結果、それがメッセージとなるわけです。

チェルノブイリの例

チェルノブイリの事故で危険な状態が起きたときに、ロシアの科学者の中で、ロシア全体のある意味で危機管理の最高責任者だった某博士が、ものすごく素晴らしく調和のとれた方で、「FUM」として交流させていただいていたことがあります。その方は事故後、ずっと最初から管理をされていた科学者で、宇宙開発などにも関わっていた方です。

その危機管理の科学者たちがチェルノブイリでデータを取り続けて、不思議な現象が起きているのを体験しているのです。

日本の放送局が取材に行って撮ってきたチェルノブイリについての報道番組がありました。その報道番組の内容はこういうものでした。

非常に放射線量の高い危険な地域、そこの汚染された土や水は、このままでは絶対に使えないということで、住人は強制的にみんな、何十km圏外に避難させられました。ところが強制的に避難した60代から70代の方で、戻ってきてしまった方がいたのです。自分たちが何十年も畑を耕していた場所だから、どうしてもそこで生活したい、全然知らないところで生活したくないと言って、息子さんやお孫さんは避難場所で生活していても、老夫婦は、政府の言うことを聞かないで戻ってきてしまったのです。

そこはもう本当に汚染されていて、計測器を持っていくとビビビーッ、カカーッ、キーッと鳴ってしまいます。そういう場所で生活しているのです。何をやっているかというと、農業をやって、井戸水を飲んで、自分たちの排泄したものを肥やしとして撒いて、そして、豆や野菜で煮物を作ったり、スープを作ったりして食べて生活しています。ですが、病気にならないのです。

自分自身がFALF《ファルフ》になる

ここが問題なんですね。病気にならない、ガンにならない、白血病にならない。その一方で、息子さんや娘さんやお孫さんは何十㎞離れたところに避難していて、そこでは今でも、白血病、ガンという状態が起きているわけです。もう20年くらいになるでしょう。十何年目頃のデータでは、避難して生活しているけど、白血病になる人がいまだに増えているとのことでした。

現代科学ではこれを説明できないのです。実際に現象としてその通りでも、なぜそうなのかは課題になっていて、説明できません。

私は直接データを取っている科学者の方たちに、なぜこういう状態が起きるかを、お伝えしました。FUEは、「波動の法則」に基づいて、これを明確に説明できますと言って。そこでは、「自然の仕組み」に適ったウクライナの農業をもう何十年もやっています。そして、自然の恵みに感謝をしています。

その取材の番組のビデオで、お孫さんが来たときの様子を映したものを見たとき、私は瞬間的に「あっ、これだ」というのを知らされました。

お孫さんたちがおばあちゃんに会いに、年に1回くらい戻ってくるわけですね。夏休みみたいなときだと思いますが、「喉が渇いてお水が飲みたいよね」と言いながら、お孫さんが、とうもろこしやお豆の根元に、お水をかけてあげているのです。おばあさんやおじいさんがそうやって教えているわけです。「喉が渇いちゃうからお水が欲しいよね」という感じで、撒いてあげるわけです。おじいさんやおばあさんがそうやって生活してきて、心からきちっと自然と一体化して感謝しているわけです。

つまり、EXA《エクサ》 PIECO《ピーコ》さんがすごく高い段階になっているのです。そして調和がとれています。ですから、不調和になった中性子、陽子の振動波でつくられた原子、分子、細胞などをいただいても、自分自身が何十年も調和のとれた状態で、感謝をして、EXA《エクサ》 PIECO《ピーコ》が進化していますから、身体の逆回転している部分が非常に少ないのです。そういう方向で調和がとれています。まさに、この文化でいう本来の健康ですね。

そうすると、L回転で、そういう方向で分子や細胞でできていれば、食べたものが不調和で逆回転していて中性子や陽子が破壊されていても、自ら調和をとっていきます。汚染されて干渉波を受ける度合いよりも、自分の調和のとれた強力なエネルギーの振動波で改善すれば、身体が排泄したものも、調和のとれた状態にしてしまうわけです。そしてそれを撒くのですから、だんだん土が改善される。植物も改善される。お水も、飲み水も井戸水も改善されます。ここでは全員、井戸水を飲んでいます。

でも、計測器持っていったら、ピーピーッと鳴るんですよ。スープを「どうぞ、どうぞ」と出されても、取材班の方々はう〜っとなるわけです。そこに住んでいる方々は、私たちこんな元気なんだから心配ないって言うんです。

ここなんですね。「FUE がセミナーなどでいつも言いますのは、「自分自身が FALF《ファルフ》になるしかないんですよ」ということです。人間は、本来 FALF《ファルフ》で生まれてきているのですから。

実体化するのは FALF《ファルフ》です。体験して学びます。EXA PIECO《エクサピーコ》がプログラムして、低次元側に実体化して、FALF《ファルフ》化するわけです。そして、そのボディをお借りして体験して学ぶ EXA PIECO《エクサピーコ》が、頭蓋骨の少し外側に同調して浮いています。

体験して学ぶということは、自分がプログラムして、顕在意識さんにお任せして体験するということです。でも、損だの得だのつらいだの、「それはヤダーヤダーッ」と言って、忍耐して学ぶことをせずに、自我と欲でどんどん違う方向に避けて行ってしまうかどうかの問題は、顕在意識の本人任せです。本人が選択するわけですから。

「自然の仕組み」に適って調和のとれた農業を、感謝を込めてやってきた方たちは、進化しているわけです。その結果、人間として、FALF《ファルフ》として成長して進化しています。自然の恵みに感謝し続けているから、放射能汚染されているものを食べ続けているけど、病気にならないのです。つまり、中性子、陽子が、正常に回転しているのです。

そういうことをお伝えしたのですが、そうしますと科学者の方は、「う～んなるほど」

と考えていました。

結局、現代科学は、どうしても人間の都合のいいように解釈してしまうのです。逆回転の方向に、逆回転の方向に、私たちの文化が理解してしまうのです。都合の悪いものは、相手が悪いというふうに責めます。これをEGO《エゴ》と言うのです。自分の問題として受け止めないで、相手のせいにするのがEGO《エゴ》の文化の元です。

鬱《うつ》は中途半端な状態

中途半端が一番大変です。中途半端な状態が、世界じゅうに増えています。それは鬱という病気です。

大脳の仕組みが正常な現代地球人は、一人もいないと時空は伝えています。大脳の90％は、存在しているのに、働いていないでしょう。10％以下しか働いていません。正常じゃないです。異常です。本来の地球人は、地球に生まれて、地球という惑星の体験をして学ぶのでしたら、100％全部働かないとおかしいです。地球人はそれに気づいていないのです。科学者、医学者が、どうしてそれに現象として気づいているのに、なぜ働いていないのかの研究を、真正面から取り組まないのかなと不思議ですね。

直観を使い続けて、EXA PIECO《エクサピーコ》、FIK《フィック》、DICAG《ディカグ》が全部連携すると、完全な正三角形に近い関係になるのですね。調和のとれた状態の役割分担がきちっとできたら、大脳というのは、絶対に活性化していって、全体が100%働く方向に向かい出します。

ですから、FUE のスタッフや樹生のスタッフや、他の日常的に調和の実践をしている方々は、確実に、平均的地球人より大脳の活性化されている範囲、パーセンテージがどんどん増えています。日に日に増えています。少しずつ、少しずつ増えています。直観を使い続けるとそうなるのです。

お話がそれすぎましたので、鬱のメッセージに戻しますと、人間はEXA PIECO《エクサピーコ》とDICAG《ディカグ》とFIK《フィック》の意識と意志が、「自然の仕組み」に反して自我と欲を拡大し、宇宙との調和度が非常に低くなると、それぞれの構造機能が歪み、正常な判断、決断等ができなくなります。特に鬱の場合は、FIK《フィック》が極端に歪み（約66%以上の歪み度）が起き、生まれる前に本質にプログラムされた自分の生き方の、おおまかな判断基準（FIK《フィック》の重要な役割の一つ）が、顕在意識の自我・欲で揺らぎ、現実の日常的な環境での現象に対して、DICAG《ディカグ》とFIK《フィック》の振動波のずれで迷いが起きて、その狭間で行ったり来たりして、行動がとれなくなる状態だといえます。その先のメッセージの関連として、躁鬱病や統合失調症他など、現代文化への大きな警鐘として、首から上の病気のメッセージは増加し続けているようです。

調和がとれないと逆回転になる

お話を戻しますと、逆回転をしている状態というのは、R時空でL回転、L時空でR回転というように、自我を拡大、つまり「自然の仕組み」に適って調和のとれた方向に向かって実践しない生き方をした場合、自ら回転を逆にするために、吸っている空気が仮に調和のとれた回転をしていても、自分が吸って逆回転にさせてしまいます。

反対に、逆回転している空気も水も、土も光も食材も、細胞や分子を構成している要素が逆回転しているものがたくさんありますが、これが不調和な食材ということですね。お肉でも魚でも野菜でも穀物でも同じです。人間自ら調和のとれた実践を5年、10年としていたら、それらは体内で正常化していくようです。

FUMではわかりやすくするために、わざわざデジタルで振動波がこのくらいというふうに数字で言いますが、本当はデジタルにする必要はありません。でも、違いがわかりやすいですし、今の私たちの社会は、デジタル文化ですから、そういう例をあげています。

そうすると、違いがはっきりわかるのは、例えば、鳥インフルエンザで、同じ肉を10人で食べたとして、そのなかで何の現象も起きない方、お腹をこわした方、高熱を出して寝込んでしまった方、命にかかわるような方、そういった違いがあるわけです。

これを現代科学では、説明できないですね。データ上で、そういう例があるというので終わってしまうのです。

誰の問題でもないのです。本人の問題です。「自然の仕組み」では、基本は自らの問題です。EGHO《エゴ》の文化というのは、全部、自らではなくて、周りのせいにする、他のせいにする、他人、現象、組織、グループ、社会、何かのせいにする。これがEGHO《エゴ》の文化です。

「自然の仕組み」を体験し学ぶために生まれてきた

何のために生まれて、何のために生きているかといえば、「自然の仕組み」とは何かを自ら体験して学ぶために、実体化して、FALF《ファルフ》化して生まれるように、EXA PIECO《エクサピーコ》がプログラムしています。EXA PIECO《エクサピーコ》は「時空の仕組み」の本質を体験して学ぶために、存在しているわけですから。

それなのに、EXA PIECO《エクサピーコ》を無視して、顕在意識が自我や欲を拡大して、自分の自我と欲を満足する方向に行動をとるのです。本来はその方向を体験して学ぶために、自分がそういう振動波を出したのに、つらいといやだといって……。

つまり、体験する、生きているということは、電磁波とか磁気波とか物質波とかという、その範囲だけではなくて、ものすごく精妙で測定できない微妙な振動波を、受振、発振、受振、発振しているわけです。578万種類のFUGEHEKIN《フゲーエキン》さんが働いているのですから、精妙です。そして、「自然の仕組み」の中のテーマとしてもってきて、EXA PIECO《エクサピーコ》がプログラムした方向に、体験して学ぶために、行動をとっているわけです。

自分の出した振動波が現れる

ですから、自分が発振したのと同じ振動波と、必ず同調して、現象が起きているのです。テレビの画像が映るのと同じ状態で、現実に生きているというのは、瞬間、瞬間、自分が出した振動波に出会って体験して学んでいるということです。起きている現象は全部自分が出した振動波です。自分が出さない振動波は絶対に出会わないし、自分にとって必要ない現象は起きないです。

もうちょっと荒っぽい言い方をすれば、妹の幸子が『あるがままに生きる』（小社刊）の本の中で、「聞こえたり、知ってしまったことは全部、できないものはないんです」という言い方をしていますけど、その通りです。

要するに、何のために生まれて何のために生きているかというと、自分が体験して学ぶために、その振動波を発振しています。そして、その振動波を発振している時空間に、その振動波と同調した状態で現象が起きて、出会って体験してしまうのです。

ですから、聞こえようが見えようが、出会ってしまおうが、何かの形で知ってしまったことは、絶対に自分が出した振動波です。自分が本当にやる必要のない、役割がまったくないというのは出会わないのです。知らないのです。まったく自分が発振していなければ、その情報は入ってこないのです。これが、「自然の仕組み」の本来の姿ですね。

ところが、今のこの文化は、そこも違ってきてしまっています。

本来、「自然の仕組み」は、必要のない情報は、自分が発振しないのですから、入らないわけですが、この文化では何が起きているかと言うと、必要以上の情報が入ってしまいます。

最初にお伝えしたのはそこです。

何の分野でも同じですけど、業界は、「ニーズに応える」という言い方をします。ニーズに応えるというのは、何にせよ、EGO《エゴ》の文化を築いてしまっている私たち地球人は、相当慎重に対応しませんと、自我と欲を満足するようにしてしまうお手伝いをするという危険が常にあります。

ここが問題なのです。本来はニーズに応えるのではないのです。EGO《エゴ》の文化というのは、ニーズに応えれば成功するのは当たり前です。圧倒的大多数が、応援してくれるのですから。でもそれは、まさに地球を破滅する方向に向かって、お手伝いしてしまっているのです。

本来の方向に向かえばサポートが起こる

この部分でぶれないで、本来の方向に向かって、「自然の仕組み」に適って調和のとれた方向に実践することを明確に強く自覚していたら、あとは何をやってもサポートは起きるのです。本来の方向に実行していくかぎり、受け取れます。どんな危険な状態になっても死ぬことはないです。救われてしまいます。

　これを私は、二十何年、体験しています。本当に死にそうになっても、死なないという体験を何回かしています。顕在意識で考えると、「あー、もうダメかもしれない」と思うことが、ダメではないんですね。サポートが受け取れます。本来の方向に徹してたら、絶対、見放されないです。

　ですから、良い悪いじゃないのです。R時空、L時空って、良い悪いではありません。ただ、L時空でR回転は「自然の仕組み」に反してる、R時空でL回転は「自然の仕組み」に反してる。R時空もL時空も、一対で「時空の仕組み」の重要な本質そのものなのです。

「自然の仕組み」に適って調和のとれたというのは、調和のとれた方向の時空間に、同調する、回転する、そういう意味のようです。

ADI《アディ》回転とSEHFK《セーク》回転

回転の問題で、ここでもう一つ一緒にお伝えしておきたいのは、L時空、R時空、R回転、L回転とは違って、EXA《エクサ》 PIECO《ピーコ》というのは、FALF《ファルフ》化して実体化した動物や植物や人間になっているときには、ADI《アディ》回転というのと、SEHFK《セーク》回転というのと、2種類存在しています。

　ADI《アディ》という回転の仕方と、SEHFK《セーク》という回転の仕方があるんですね。アディというのは、ADI。それからセークというのは、SEHFK。

　宇宙語では、HとかFってあんまり発音しないです。伸ばすか、はひふへほの音の、消えてしまう音です。エロヒムって書きますね。あれは、オリオン座の言葉です。エロヒムというのは確か、HERIM《エルイム》。宇宙語の振動波ではこういう感じで入ってきます。スペイン語やロシア語でも、そういうふうに音が消えてしまうものがありますね。

　ロシア語というのは、プレアデスのケラエノ星の言葉が中心です。ですから、ロシア語というのはわりあい調和がとれています。その振動波をあまり失っていないです。日本語もそうです。日本語も、カシオペア座のベータ星の言葉の振動波がかなり残っていますので、調和がとれています。

　話を元に戻しますと、EXA《エクサ》 PIECO《ピーコ》には、ADI《アディ》回転とSEHFK《セーク》回転というのがあります。EXA《エクサ》 PIECO《ピーコ》がFALF《ファルフ》化していない、物体化実体化していないときは、L時空・R時空とは逆に、ADI《アディ》の回転とSEHFK《セーク》の回転は、すべて一体化していますが、どこも接してないと言うのです。これはまだ私は意味がわかりませんが、不思議なことに、そういう回転の仕方をしていると言います。

つまり、この回転球体素粒波はどこも接していないのです。接したら不調和になってきます。歪むというのはそういう意味ですね。

「自然の仕組み」の調和がとれているというのは、それすべてで、「時空の仕組み」に適った状態のあらゆるものを生み出したり、あらゆるものを分解したり、あらゆるものを組み立てたりしているのですね。

同じように、EXA《エクサ》 PIECO《ピーコ》は、ADI《アディ》回転とSEHFK《セーク》回転という形で、二身一体と言ったらいいのかな、まったく別の状態で回転運動している。そして時空のL時空とR時空とは関係なく、どこも接してない状態で回転運動して一体化していると言います。

人間なら、動物なら、植物ならというときに、そのEXA《エクサ》 PIECO《ピーコ》さんがFANT《ファント》して、実体化して生まれ、ADI《アディ》回転で入る、SEHFK《セーク》回転で入る、ということで体験して学ぶのです。ADI《アディ》回転とSEHFK《セーク》回転とでは体験する内容、テーマが少し違います。

大まかに言うと、人間で言えば、男性、女性とか、動物や植物さんで言えば、雄、雌という言い方をするような回転の仕方の体験をするFALF《ファルフ》です。普通は、ADI《アディ》回転というのは女性です、雌です。そして、SEHFK《セーク》回転というのは、男性になって生まれて体験してということなんですね。

　でも、今の地球人は、ご存じのように、性同一性障害についての法律まで作らなければならない事情が起きてしまうような、これも「自然の仕組み」の中の、地球という惑星のやむを得ない、そうせざるを得ない状況なんです。

　つまり、地球人は本来、女性はADI《アディ》回転、男性はSEHFK《セーク》回転のはずです。ですがそれは、性別の狭い範囲で体験して学ぶことをさしているわけではありません。男の人が学ぶ内容、女の人が学ぶ内容というのは、「自然の仕組み」の中で、性別以上に大きく違う、もっとすごい体験の学び方があるらしいのです。

　ですから基本的には、結婚しようがしまいが、男性と女性がお互いに協力しあう状態、甦生化しあう状態というのは、「自然の仕組み」に一番適っているのです。結婚するしないという形の問題ではありません。

　よその星の方というのは、ＵＦＯという時空間移動装置、時空元移動装置、いわゆるＵＦＯに乗って移動しながら、役割をしにいろいろな星に行きます。もしそれが二人乗りだったら、パートナーで乗り込みます。同性同士というのはまずありません。よほどの理由がないかぎり、必ず男性、女性でパートナーを組んで、体験して学ぶのです。

他の家族をもっている奥さんや、他の家族をもっているご主人が、一緒に乗って役割をするという、二人だけの状態ですから、このEGIO《エゴ》の文化の地球では、ちょっと考えられないような状態ですね。それが体験して学ぶ役割をする、実行する、DEVIK《デヴィック》をするのに一番、適切だということでしょう。

「自然の仕組み」なのです。ADI《アディ》とSEIFK《セーク》が協力しあって体験して学び、その結果は、ボディを置いてEXA《エクサ》 PIECO《ピーコ》として戻るとき、確実に進化できて意味があるのだと思います。

それがどういうふうに回転しているか、そして、それはどういうものかというのを知らされて、IFUEではFALF《ファルフ》を作りました。そのEXA《エクサ》 PIECO《ピーコ》さんのFALF《ファルフ》を使うことはめったにありませんが、重要なときに、役割をさせていただくことがあります。

ADI《アディ》回転とSEIFK《セーク》回転というのは、元々はそういう形でしたが、今はその「自然の仕組み」から違ってきて、男性がADI《アディ》回転だったり、女性がSEIFK《セーク》回転の状態で生まれてきて、やむを得ない役割をしています。

これは、地球の人口問題とも関係があります。現代科学者はデータで現象を追っていくので、何年後には何十万人が、何十億が、何百億になってしまうという考え方をもっていますが、それはあり得ないのです。「自然の仕組み」の中には、あり得ないことに対する歯止めがたくさんあります。そういう中の一つが、今の状態です。男性同士、女性同士が結婚すると、子どもはできないですよね。これは、その一つでもあります。

他にいくつもそういうのがあります。人口は絶対にデータ通りには増えていかないのです。それよりも大切なことは、時空から、地球人、特に科学者が、今こそ本気で惑星地球に、そして太陽系に何が起こっているのか真正面から研究に取り組み、真摯に受け止め、本来の人間としてどのような役割ができるのか、強い自覚と決心をもって臨まれることを問われています。

しかし、人口が増えてパンクしてしまうから他の星へ行かなくてはならないとか、あるいは、もっと早く、もっと量産しようと、全部、私たちの文化の都合のいい方向に解釈しています。データで現象を追いかける科学・文化を築いているために、どうしてもそうなってしまいます。

「時空の仕組み」の本質的な要素の中に、回転というものがありますが、現代科学はそこの部分がもれてしまっています。理論物理学者と実験物理学者の方々は、「回転をしている」ことは知っていても、回転がいかに重要か、その回転の仕方が「時空の仕組み」そのものに関わっていて、自分たちの存在そのものに関わっているということには、気づいていません。「回転をしているね」というだけで終わってしまっています。

回転の仕方が変わったら、大変なんです。それで今、大変なんです。

3万3千年のサイクルという回転の仕方の状態は、2000年までのことでした。今は、33万年のサイクルに入っています。回転の仕方が変わると、本質的に影響してしまうのです。

回転の仕方というのは、いろいろな形で関わってきます。チャネラーの方も含めて、科学者も含めて、いろいろな分野で役割をされている方々が、地球という惑星がどんな状況か、太陽系の惑星がどんな状況か、あるいは銀河系がどんな状況かというのを、いろいろな形で大なり小なり断片的に、一部真実や一部勘違いや、いろいろ混ざって伝わってしまう状態が起きているわけです。

2012年、2013年というのは、確かに重要な、ある結果が出る時期ということは間違いないです。

『波動の法則』は基本的に、『エノクの鍵』（J・J・ハータック著、紫上はると・小野満麿訳、小社刊）の内容と非常に近い部分があります。内容的に大まかに見れば、『真 地球の歴史』はその先です。直観的に観じていただくと、たくさん符合するところがあると思います。ああ、これがそういうことか、ということが観じられると思います。

『真 地球の歴史』の内容は、基本的に実体験はできないですね。振動波での体験です。次の役割の情報をいただいて、33万年の状態というのを準備するものです。

3万3千年への対応は、『波動の法則』を基本にして、学んで準備をする。そしてこの『真 地球の歴史』レベルを学んで、33万年の対応をする。それが大まかなステップです。

ですから、今でも『波動の法則』が必要になるというのは、『エノクの鍵』の著者のハータック博士が情報を受けて、いろいろな形で実例を非常にわかりやすく取り入れているからですね。特にあの『エノクの鍵』は、西洋文化の方に向いています。

非常に重要なのはそこの部分で、R時空、L時空の状態が関係してくるとすれば、回転の状態、それからこの3万3千年と33万年周期について、この辺が今の時代みんな関係していると思います。

波動のいいもの

今井　足立先生は、いつも波動のいいものしか取り入れていないのですか？

足立　FUMは、食材で、「自然の仕組み」に適って調和のとれたものを、情報で知らされています。

　人間は、常に動物さんや植物さんの肉体全体のエネルギーをいただいて、体験して学ばせてもらいます。ですが、今は日本だけではなくて、世界じゅうと言うと大げさな言い方ですけど、人間が、空気や土や光や水を全部汚染しています。動物や植物、鉱物は迷惑を受けて、実際に本来の振動波ではない状態にさせられて、本人たちがそうなりたくないのになってしまっているのは、人間がしているのです。

　ではどう対応するかというので、一つはFALF《ファルフ》です。FALF《ファルフ》で、お詫びと感謝とお礼の発振をしています。

　一番代表的なのが、SIEPON《スイエポン》 EVHA《エヴァ》、あるいはSURMOUL《サーモウル》さんです。

　それから、FANT《ファント》する準備をしていくと同時に、FANT《ファント》したあと、どうするかというのを、全部、地球人自らが最低準備しなくてはならないことを準備して、そして、最善を尽くして準備した状態で、「時空の仕組み」に適った方向に実現できない部分は、サポートいただく必要があります。「自然の仕組み」というのは「自ら」というのが基本ですから。

FANT《ファント》できるかできないかの問題はもちろんありますが、私たちの文化というのは、FANT《ファント》できたあとも、対応の仕方の準備が何もできていないのです。FANT《ファント》したら、天国が待っているわけではないようです。

今の状態をそのまま放っておけば、地球は完全に時空元がどんどん下がっていきます。この文化で言うゼロ時空元という言い方をすれば、存在としては、感覚的にはなくなってしまうのかなということはありますね。

食材については、お野菜ならお野菜、穀物なら穀物の本来の役割ができるものを、今でもこの地球上で生み出している場所、人、そういう存在がどこにあるか、というのを調べて準備をしてくださいというメッセージがあります。

今、調和がとれている状態で本来の役割をしているのであれば、そこも自動的にFANT《ファント》できる方向に向かっています。ですから、より調和がとれる方向に交流をさせていただいて、私どもも調和のとれた食材を購入して、そして、交流すれば、そこの方の調和がさらにとれて、進化していただける。調和のとれる方向に進めば進むほど、そこで作られるものは、テレポーテーションの可能性も大きくなるし、FANT《ファント》できたら、FANT《ファント》後、役割もしていただける、ということです。

その方向に向かうことと、それからもう一つは、先ほど言いましたFUGEHEKIN《フゲーエキン》の問題があります。

進化してくると、役割がどんどん大きくなっていきます。実行すれば進化しますが、すると何が起きるかと言うと、その人の身体を構成していくFUGEHEKIN《フゲーエキン》さんの種類が変わっていくのです。基本的には増えていきます。免疫力が低下するというのは、正常なFUGEHEKIN《フゲーエキン》が減っていく、歪んだ状態が増えていくことです。

あらゆる調和というのは、安全度という見方からすれば、あらゆる問題が起きても対応できるということであり、これが「自然の仕組み」なのです。

対応できなくなっているというのは、現象的にいえば不調和になっている証拠です。

最近の現象では世界じゅうみんなそうですけど、人間がキレやすくなっているでしょう。キレやすくなるというのは、ごくごく単純に、情報通りの結果が出ているのですね。要するに、対応する能力を失っているのです。脳の仕組みが正常ではなくなっているのでしょうけど、言ってみれば、地球人は最初から、少なくともここ5～6千年は、正常ではありません。脳が90％働いていないのですから。それは良い悪いではなくて、気づいて実践すれば、よみがえるような「自然の仕組み」がきちっとあるのです。それは全部FUGEHEKIN《フゲーエキン》が関わっているのです。

時空から役割のメッセージがくる

素晴らしい役割をしたあと、どうなるかと言うと、その先に進化する、これが本来の生きている意味ですね。二十何年、FUEは、どれだけ素晴らしい役割ができているかは別として、人生かけて一人一人みんな必ずある役割ができて、その成果が出たら、その先に進化する、というステップを踏み続けています。どんなにお粗末であっても、それを繰り返しているのです。

ですから時空から信頼をいただいて、次の役割、次の役割と、メッセージがきます。違う言い方をしますと、ああしたい、こうしたいと思ったことがないのです。出だしからずっとそうで、「えー、これもやるんですか」というのがほとんどです。本当にそうなんです。スタッフもそうだし、FUEに協力してくださる方も、だんだん、その体験をみなさん、していきます。

時空の中で言うと、地球というのは、この銀河系だけでも何千億とある中の、惑星レベルの中の一つです。その中の、役割として受け取ってくれそうな可能性のある方に時空はメッセージを送ります。私自身も最初は気づきませんでしたが、役割として、大陸に実際にFALF《ファルフ》をつくって軸調整できるようにセットしてくるような、そういう情報をだんだんに知らされて、「えー、それもやるの」という状態が起きていきました。

ノートに情報を書きつけていった最初の頃は、それを全部をやらなくてはならないということではなかったのです。この大陸には、こういう方がいらっしゃいます。こちらの大陸には、こういう方がいらっしゃいます。そして、あなたと同じような方向に気づいて役割をする決心をしてくれています。いずれ交流する機会があるでしょう。その方はどこの国の、どういう仕事をやっている方です。でも今は、会ったり連絡をしたりする必要はないです、というのを知らされていました。

ところが、だんだん「可能性が難しくなりました」という連絡をいただいて、「それについても、あなたがやってください。どうですか」と。もちろん、強制ではありません。

常に「やっていただけますか」というメッセージですね。強制ではないんですけど、「うわー、じゃあ、やるしかないか」という状態にだいたい追い込まれて、状況が準備されてきてしまうのですね。整ってくるのです。

整ってくるというのは、そういう方に出会ってしまうとか、そういう方から連絡をいただいてしまうとか、そこから要請がきてしまうとかで、「えーっ、やっぱり行くことになるんだ」となってしまうのですね。

それはもう全部、時空は承知していて、可能性のあるたくさんの候補の方に、繰り返しいろいろな形でメッセージを送っているのです。どこまで受け取ってくれるか、どこまで決心してくれるか、それは常に本人次第です。時空はメッセージを送って、受け取って決心して実行してくれるかどうかを見守って、反応を示せば、その先、その先、というふうに情報を送るという感じですね。

地球という惑星は、もう何億年前からそうやって他の惑星の方からサポートを受けていて、「しょうがない子だなぁ」って思われながらも、とにかく延々とサポートをいただいているのです。

それからすれば、地球人として人間をやるんだったら、常に自分で気づいて実践して、どう現実の中に、本質的なことを、調和をとって実現するかということです。そして、最終的に「その研究成果を実行してください」です。それは、科学的に産業に役立てる部分とは別に、人間としての研究成果を、セミナーの形でやらせていただくことで、「FUE」のスタッフや樹生のスタッフと同じように、決心して実行していただけてしまうということです。

そうすると、どんな職業の方でも、その職業ごとにその分野で実践をしてくだされば、またそれが広がります。要するにネットワークが、無理やりにではなくて、自然に生まれることを実践しているわけです。それはもう、人間にも動物にも植物にもすべてに同じなのです。

ある意味では、それを実践していく中で、気づいたからには、地球人として申し訳ないという、「お詫びと感謝とお礼」です。

食材も同じです。作ってくださって、そういう中でこんなに調和のとれたもの、「FALF《ファルフ》」も使わずに作ってくださる方がまだ存在しているんだ」というのを、「こういうところにこういうのがありますよ」と知らせてくれるわけですね。

結局、「FANT《ファント》」できる可能性のある方が多少でもあれば、少しでも進化していただけるように、時空はサポートをします。動物でも植物でも鉱物でも人間でも同じように、全部EXA PIECO《エクサピーコ》同士の交流なんですから、文化がEXA PIECO《エクサピーコ》で築かれなければということですから、当然、すべてに通じてそういうサポートが入るのですね。

そうすると、こちらでも学ばせていただいて知った以上は、そういう方がどこにいらして、どんなものを作っていてという、食材のほうからいけば、お米ならお米、お野菜ならお野菜、あるいは、牛乳なら牛乳と、それが、日本だったらどういうところで、どんなふうな内容で作られているかを承知しておいて、そこがテレポーテーションする、FANT《ファント》する可能性があるし、そういうのがFANT《ファント》できないと、FANT《ファント》後大変ですよとなります。

FANT《ファント》したはいいけれど、全部がゼロから始まることになったら大変なわけです。最悪のFANT《ファント》というのは、ゼロに近い状態です。ゼロ以下というのは消滅してしまう状態でしょうから、確かに、今後は、このまま行けばそういうことも含めて、いろいろな状態があり得ます。

FANT《ファント》後

それに対して準備をするというのは、FANT《ファント》ができるように最善を尽くすと同時に、FANT《ファント》後どうするかも準備しておかないといけないのです。FANT《ファント》したけれど、どうしようという状態が起きてしまうわけですから。

動物、鉱物、植物、人間も含めて、FANT《ファント》した状態が起きたら、同時に亡くなる方も生まれる方もあり得ます。そのときに、「自然の仕組み」に適って調和のとれた方法を知らなかったら、亡くなった方にどう対応するのか、生まれた方にどう対応するのか、病気の方に、怪我をしている方に、どう対応するのか、これも全部、誰かが役割をしなくてはならないのです。

知らされているのは、今のままだと、地球に調和のとれた医療関係者が大勢育たないと、FANT《ファント》後は大変なことになってしまいます。お医者さんがいなくなってしまうかもしれない、薬が全然なくなるかもしれない。怪我をしている方がいるかもしれない、病気の方がいるかもしれない。FANT《ファント》直後に亡くなるのか、その前に亡くなっているか、亡くなりそうなのか、要するに対応をどうするのかというのも、全部準備して研究しておいてくださいということです。生まれることと死ぬことの意味と本質、どうすることが「自然の仕組み」に適っているのか、亡くなった方のボディをどうするかという研究もしてくださいということです。
7、8年くらい前からメッセージをいただいて、かれこれ10年以上、そういう研究を全部並行してやっています。

亡くなった方への対応

亡くなった方にどう対応するかは、EXA《エクサ》 PIECO《ピーコ》さんがどうなるか、そして、ボディにどう対応するのか、今の文化では、そういうことは何の準備もされていません。

今井　そうですね。

足立　亡くなったら火葬にするのが日本の法律で、でも外国だったら土葬にするとか、水葬や鳥葬とかという国などいろいろありますが、それが「自然の仕組み」に適っているかというと、適っていません。

今井　どれも適っていないいんですか?

足立　適っていないようですね。調和はとれていないという情報です。やむを得ませんのレベルです。

ですから本来の方法を、「FUE」では研究して、ほぼ承知しております。

その気になって研究を始めると、どんどん情報が入ってきます。10年くらい前から、それについての情報が入るようになってきまして、相当調和のとれた意識と意志で日常、実践をして、生活されている方々でないと、病院も医師も薬剤師も、さらにお坊さんも葬儀屋さんも、振動波からみれば、FANT《ファント》していただくのが難しいということになります。では、どうするのか知らされて、「えー、そういうことをやるんですか」という状態で、何となく気が乗らないまま半年から1年が経ってしまいました。そうしますと、やはりメッセージでだんだんきついのがきまして、「まだやらないのですか、やってくれないんですかー」という観じの体験が起き始めるのですね。それで、本気になって取り組み出すと、「えー、そこまでやるのですか」という観じで入ってきます。

不思議なことに、私だけではなくて、何も言ってなくても、スタッフの誰かにメッセージが入ってくるのです。「こんな情報入ってきちゃっているんですけど」とスタッフから言われて、「いやぁ、それを待ってました。誰かがそういう役割をしてくれると思っていました」という状態が起きるのです。

それがスタッフだけではなくて、協力してくださっている方や、いろいろな方にメッセージを受け取っていただける状態になっていきます。時空は、とにかく可能性がありそうで、しかもその役割をしてくれるプログラムをしてきている方をサポートしますから。

どんなに進化していても、そのプログラムを全然してきていない方の場合には、その役割をやってくださいというメッセージは、よほどでないとないと思います。いろいろあるわけです。「FUE」のスタッフも、その違いは人によってですが、全然違う役割をするタイプもあるのです。

今井　死に方、死んだ人に対する対応って、もう確立しているのですか？

足立　ほぼ、情報はきています。しかも、セミナーに参加してくれている中に、その情報が入ってきている方も出てきています。信頼のできる方で、正確に情報が入るようになってきている方ですね。何にも言ってないのに、FUMに連絡してきて、これを私に伝えてくださいと言われたと、スケッチや文章を渡してくださいます。

オープンにできない理由

今井　それは公表できないのですか？

足立　そうですね。オープンにはできないですね。

先ほどの食材の件もそうですが、日本なら日本の全国で、その食材のリストを作って、FUMでは大事に保管しています。

これを簡単にオープンにしてしまうとして、何が起きるかというと、インターネットや何かでどなたかが一回公開してしまうと、そこへ問い合わせが殺到するでしょう。もう大変なことになります。そこはパンクしてしまいます。ですから時空は絶対しないでくださいと言います。

別に秘密にして隠したいわけではないのです。やむを得ないのです。「あなた方の文化の内容を承知しているので、それはしないでください。準備ができた方々から徐々に慎重にお伝えしてください」と。確かにそうするしかないな、ということです。

家族に環現

もうちょっと違う言い方をしますと、信頼のできる方というのは、本当に進化して、FANT《ファント》の準備ができる方、時空から信頼していただけるEXA PIECO《エクサピーコ》さんに進化している方です。

例えばセミナーで、間違いなく正確な高い情報が直観で入るような準備ができてくると、それは個人的な、自分だけのものではないのです。精度の高い情報が入るというのはどういうことかと言いますと、絶対に家族に環現していないと。だめなんです。

家族がお互いに感謝、１００％の信頼関係で感謝しあっている、その状態が時空から信頼がいただけるかどうかの方向なのです。

その状態は、時空には全部筒抜けでわかっています。利害損得の信頼関係というのは問題外ですけど、そうではなくて、地球人同士の人間関係が、EXA PIECO《エクサピーコ》さんの進化に基づいて、行動して、信頼関係が成り立った状態であるかぎりは、今度は、地球人同士だけではなくて、よその星の方が信頼してくださる状態になります。これをお互いに、明確に自覚して交流して、準備をしていく。

そうでないと、FANT《ファント》後、その状況が起きてくるわけです。そのときの対応の仕方の準備を全部していかなくてはなりません。起きてからでは間に合わないのです。

ですから、そんなばかな、という意識の方にはお伝えできないのです。かといって、顕在意識で判断できることではありませんから、振動波で交流して、振動波で信頼関係が生まれてきて、その振動波だったら、時空が逆に信頼をしてくれて、必要な時期に必要な交流をしていただけるように、時空がサポートの仕方をいろいろ工夫して、メッセージを送ってきてくれるという状態が起こります。これは自然に、次の段階、次の段階というふうに、私どもは知らされてしまうのですね。

ですから、本当におもしろいですよ。セミナーにはお坊さんも参加してくれていますし、葬儀屋さんに関係している方も参加してくれています。民法学者の方も参加してくれていますし、自然にそうやって繋がるようになっています。時空がそうしてくださるわけです。

交流したその時点で、具体的にそういうことをお伝えしているわけではありません。本当に信頼関係が成り立って、準備ができて、家族に環現されて、家族の方みんなの信頼関係が進んでいるなとなって、はじめて時空の信頼が得られます。本人だけが進化している状態では絶対に時空の信頼はないのです。

要するに、家族とは何なのか、自分は何のために生まれて、何のために生きているのか。誰も一人で生まれた人はいません。自分が生まれる前に、EXA《エクサ》 PIECO《ピーコ》同士で交流して、了解をいただいています。人間としてこれからこういうテーマでプログラムして、生まれて体験するために、今、男性と女性の人間をやっているEXA《エクサ》 PIECO《ピーコ》さんに了解を得ているのです。「家族の一員としてあなた方の子どもとして生まれて、人間として成長できるサポートをしていただけますか。私はEXA《エクサ》 PIECO《ピーコ》としてサポートさせていただきます。同じように体験して学びませんか」というのが、スタートのときの赤ちゃんの役割ですから、そこで初めて家族が生まれるわけです。

これはもう絶対に、EXA《エクサ》 PIECO《ピーコ》同士の了解がなかったら始まりません。人間として生まれて体験して学ぶというのは、理屈抜きで、かけがえのない男性と女性のEXA《エクサ》 PIECO《ピーコ》さんの了解のもとに、家族の一員として、人間として、育ててもらうという過程がありますから、家族に環現するのは役割なんです。

それは兄弟も全部同じです。順番も、長男に生まれる順番とか、次女に生まれるとか、末っ子に生まれるのも、全部承知で、全部意味があります。役割が全部違うのです。

それを承知して了解をいただいているのですから、兄弟に感謝、両親に感謝です。両親の存在あってのものですし、会ったことがあってもなくても、おじいさんやおばあさんに感謝です。

結婚したら、そのパートナーに感謝です。そうすると、パートナーの両親にも感謝ですよね。パートナーの存在に出会えたのは、パートナーの両親の存在があってですから。

その存在がどんな存在であったとしても、その存在なくして自分の今、自分の役割はなくて、体験して学ぶことはできません。自分がどんな状況にあっても、その存在のお陰で今があるということです。そして、その今の結果は、自分の選択した結果なのです。

ここを勘違いしますと、両親のせいにしたり、兄弟のせいにしたりする方も出てきてしまいますが、そうではないのですね。自分の存在というのは、スタートラインはEXA《エクサ》 PIECO《ピーコ》同士で、自分が要請して、同じようなテーマを基にして、EXA《エクサ》 PIECO《ピーコ》同士が甦生化しあう、協力しあうという状態が家族の基にあります。

EXA《エクサ》 PIECO《ピーコ》が最初に交流したときは、顕在意識は存在していないのです。生まれるときは、100%、「自然の仕組み」に従っています。

　これを私どもは勘違いしてしまうのですね。地球の人間は顕在意識で文化を築きだしてしまうと、まるで自分が生まれたいから生まれたのかなと思うくらい、顕在意識中心で生きてしまいます。それでいて都合が悪くなると、産んでくれと頼んだわけじゃないのにと、今度はそういう自我の強い意識になるわけです。

顕在意識とEXA《エクサ》 PIECO《ピーコ》の関係

　EGHO《エゴ》の文化って、どこまでもEGHO《エゴ》なんです。人のせいにします。FUEが、「素直に謙虚に」という言葉を使う理由は、「今ある自分は、自分が選択してきた結果です」ということです。生まれることができて、人間になったのは、EXA《エクサ》 PIECO《ピーコ》が選択したからで、顕在意識が選択したからではありません。

　でも、今ある状態は、基本的には、顕在意識が選択しています。なぜかと言うと、DICAG《ディカグ》というのは、現在の自分の権限を任されているからです。「自然の仕組み」というのはうまくできているんですよね。

本質のEXA《エクサ》 PIECO《ピーコ》さんは、こういうテーマでこういう体験をして学ぼうと、低時空元側の人間に生まれるプログラムをしました。実体化するときには、了解をいただいて、人間の協力をいただく。ボディをお借りして、子宮をお借りして、男性と女性に協力いただいて、人間として生まれる。生まれたあと、今度は、即人間にはなれなくて、3歳、5歳と両親に育ててもらわないといけない。

これは動物さんと違うところですね。すぐに何時間後に立ってしまうとか、そういうことは不可能です。人間の場合、そうやって体験して学んで交流することが、「自然の仕組み」の中に用意されています。

ありがたいことに、家族という仕組みが用意されていて、それは、そこで利害損得を超えた真実の愛の体験をしてくださいということなんです。

元に戻りますが、生まれるときに顕在意識はありません。顕在意識ではなくて、EXA《エクサ》 PIECO《ピーコ》さんがプログラムして、本質、意識体がプログラムして、体験して学ぶために人間として生まれます。そのプログラムの中に、脊髄や髄液やそういうものがきちんと用意されてあって、胎児として生まれます。そして顕在意識の脳の仕組みをプログラムしてあるから、それがちゃんとつくられてきて、顕在意識があとから生まれます。そして人間として生まれたら、現在の情報は、顕在意識に任されるわけです。自ら選択して決断していいのです。EXA《エクサ》 PIECO《ピーコ》さんは、それに対して強制しません。これがすごいのですね。「自然の仕組み」のすごさです。

それでは、顕在意識に現在の情報を任されているのだから、何でもできるかというと、できないですね。FIK《フィック》さんの役割があるわけです。自分の身体でありながら、自分の肝臓、心臓、腎臓を自由にコントロールできるかというと、できないです。うまくできていますね。「自然の仕組み」って、本当に素晴らしいと思います。

EXA《エクサ》 PIECO《ピーコ》さんが、全部コントロールするわけではないんですね。EXA《エクサ》 PIECO《ピーコ》さんは、生まれる前にプログラムしてあります。ですけど、生まれてからは、EXA《エクサ》 PIECO《ピーコ》さんがコントロールしているのではないんです。

FIK《フィック》さんが、プログラムされた通りに、顕在意識と同じように、膵《すい》臓という形で、あとからつくられてきます。膵《すい》臓の中で、FIK《フィック》さんという意識と意志が、EXA《エクサ》 PIECO《ピーコ》がプログラムした状態に基づいて、可能なかぎり実行していきます。

家族の重要性

EXA《エクサ》 PIECO《ピーコ》さんが、未来の時空間から情報を得て、進化するためにプログラムしたテーマが非常に近いものであれば、そういうEXA《エクサ》 PIECO《ピーコ》さんたちと交流をします。これが家族です。

家族同士のEXA《エクサ》 PIECO《ピーコ》さんというのは、そんなに親しいEXA《エクサ》 PIECO《ピーコ》ではありません。あまりに親しくてツーカー過ぎたら、真の学びができないのです。真の学びというのは、お互いにきついメッセージを体験をし、忍耐をして気づいて学んで成長することです。

１００回でも１０００回でも出会っていると、通じすぎてしまうのですね。ツーと言えばカーで、振動波でみんな通じてしまったら、あんまり真の学びができないですから、そういう家族はめったにありません。親子、兄弟姉妹、夫婦というのは、出会いはだいたい２～３回です。

人間同士で言えば、EXA《エクサ》 PIECO《ピーコ》が親しい方が、友達や上司や、部下や、何かの形でサポートをし、サポートをされるような関係が用意されています。１００回とか１０００回とか10万回とか出会っている方に、必要な時期に必要な形で出会うように用意されているのです。それに気づくかどうかだけです。

そういう出会いというのは、ちゃんと用意されています。そして家族というのは、桁違いにEXA PIECO《エクサピーコ》さんの高い段階の人がいるわけではありません。今度生まれたらこういうテーマで、これを体験して学んで、「自然の仕組み」の一端をつかもうと、だいたいの共通のテーマをもったEXA PIECO《エクサピーコ》さん同士が出会って、交流するようになっています。

ですから、最初から極端に高い段階のEXA PIECO《エクサピーコ》さんと交流することはないのです。もちろん、何代も前にものすごく気づいて役割を実践して、そして、「自然の仕組み」の中ですごく成果をあげて進化された方が背景にいらっしゃると、その家族の状態は、いろいろなふうに変わります。

いろいろなケースがありますが、同じテーマでやる必要がなくなって、全部クリアして卒業した家族は、今度は違うテーマでやっていきます。でも基本的に今のこの地球は、ほとんど全部が自我と欲を拡大する意識レベルのEXA PIECO《エクサピーコ》さん同士が出会う状態になってきてしまいました。

気づいて進化してよその星へ行くような状態のEXA PIECO《エクサピーコ》さんまで進化する状態の人は、家族の中で、生まれなくなってしまっています。みんな同じように自我や欲を拡大して、家族が崩壊し始めて、しまいにはもう家族の役割ができないという状態が世界じゅうに広がっています。

日本でもそれが起きているから、いろいろな事件が起きて、メッセージになっているわけです。「家族が崩壊していますよ。崩壊していることに気づいてください」のメッセージですね。

お話を戻しますと、大事なのは、家族がいかに重要かということです。自分が気づいて実践して進化したら、家族への感謝を並行して実践し続けないと、何のための家族なのかということになります。

誰かが気づいて実践したら、その方が役割を始めます。そして、身近な家族からどんどんDEVIK《デヴィック》していって、気づいて実践をしていただくようにそれが広がり、親戚へと広がっていくというのが基本ですね。

それによって時空から信頼が得られて、時空からサポートのメッセージがどんどん起きて、サポートを受けると同時に、「役割を拡大してください」となります。

ですから、気づいて実践するということは、自らそれが始まるけれども、自分だけではなくて、家族に環現することが、いかに重要か。そして、家族に環現することで、これはもう本当に信じられないくらい、精度の高い情報が入るように自分が進化していきます。

「FUE のスタッフや樹生のスタッフは、みんなそうしたステップを踏んでいます。例外な人はいなくて、本人がどれだけ本気になるかだけです。本気になる度合いに応じて、結果、成果が出るだけなのです。

自分がどんどん進化しても、家族に環現していないスタッフは、精度がそこで止まります。なかなかその先へ行けない状態が起きてきます。それはもうあきらかに、「家族に環現していないですよ」というメッセージがくるんです。

なかなかそれに気づけないと、家族にトラブルが起きたり、仕事を通じて家族に何か環現しなくてはならない状態を知らされます。必ずわかるような状態が起きてきます。それをきちっとクリアすると、精度が高い情報が入るようになるのです。

意識体でサポートしてくれるSEPOUW《セポー》さんや、SEPOUW《セポー》さんでない、いろいろな協力してくれる意識体など、いろいろな役割の存在が時空にはありますから、そういう方々がメッセージを送ってくれるわけです。

情報が入るようになるには

最初に情報が入るようになってくる状態というのは、誰でも本気になって取り組んでいれば、だんだん生まれてきます。

これは、S研究所を作っていただいて、そして、向こうにスタッフが基本的に全員泊まりこんで生活して、私も、ひと月のうち2週間くらい一緒に生活をして、そういう研究の仕方に専念していた時期があります。

そのとき最初に、FANT《ファント》、テレポーテーションとは何かをテーマにして研究課題を知らされて、それを直観で情報を得て準備を始めてくださいというのがありました。まだみんな、情報が入ってくる準備ができていない状態でした。

FUEは、募集したことはないんです。全国から参加したいとおっしゃって来てくださる方がいて、その方はFUEでお待ちしていた方ですよとメッセージが入ってくると、ではぜひ参加していただけますかとなっていっただけなんですね。実際に直観が働く働かないではなくて、入っていただいた方全員に同じテーマを同じように実行していただくようにしただけなのです。

そのときは研究テーマを一つ決めていて、1年間くらい向こうに住んで、週末だけ帰宅していたものですから、「そのテーマに基づいて本気になって情報を得てください」というだけでした。

いつでもどこでもいいのです。自分の部屋でもいいし、研究室でもいいし、情報が入ってくるホールがあるのですが、そのシャフトのホールでもいいし、廊下でも階段でもいいんです。２㎞四方人が住んでない、周りじゅうが自然の何もないところですから、外を散歩してててもいい。

そういうところで、いつどこで何をしてても、夜中でも昼間でも、好きなときに好きなことをしていい。その代わり、「そのテーマに基づいて本気になって情報を得てください」といいました。そうしたら、基本的に1年の間に、全員がちゃんとものすごい正確さで、こんな装置をという設計図が、情報として入ってきました。

最初はもう、自分たちで何をやっているのか、全然わかっていないのです。どうしていいかわからないし、何も浮かんでこないから、ただ一日線を描いているとか、一日クレヨンで何色かに塗り分けただけとか、ただ丸だけ描いていたとか、そういうのが何日も何週間もずっと続いていました。

でも、必ず情報は入ってくるから、あきらめないで続けることです。私もそうやって３ヶ月くらいで入ってきたし、妹だってそういう体験で１ヶ月半か2ヵ月で入ってきたんです。

できないと思っていたとき、私は3年くらいできなかったです。妹には入ってきているけど、私には無理だろうなぁ、やる必要ないなぁと思っていて、とにかく現代科学に基づいてデータを集めよう、そういう意識のときには入ってこないですね。そのときは、建築の設計までできるようになるとは、夢にも思っていませんでした。建築は無理だと決めていたときは、情報が入らなかったのです。

それが、本気になって取り組むと、確かに入ってくるのです。そういう意味ではステップがあって、過程があります。その間には、家族に環現していく状態というのが、絶対つながってあります。

入ってくる情報が、精度の高い情報になるかならないかというのは、いろいろな形でわかります。スタッフたちも、最初は何をやっているかわからない、何を描いているかわからない、それが何なのかというのがわかるまで、ずっと自分ではわからない状態が続いていました。

でも私のほうは、そういう体験を卒業して、正確に情報が入るようになってきていたので、常にスタッフにこういうヒントだけは伝えました。「今のあなたのスケッチの内容は、そのテーマの方向に向かって精度は○%くらい近づいてますよ」というヒントだけ。最初は、2、3%だった、1週間後に8%くらいになった、1ヵ月後に12〜13%、あるいは20%くらいになった、その状態を伝えることはできるのです。ヒントですから。

そういうなかには、せっかく30%くらいいったのに、また15%くらい下がるとか、場合によっては2〜3%に戻ってしまうこともあるわけです。それはもう、顕在意識が働いて、どこかで興味本位になったり、あるいはその先を推理して描いちゃったりすることが起きれば、どーんと下がります。

そういうのも淡々と素直に謙虚に、振動波で、直観でということに徹していかないと実現していきません。と同時に、描いていることが何なのかわかるようになる状態の転換期があるのです。非常にわかりやすいのは、宇宙語で情報が入るようになるスタッフが何人もいるのですが、先に宇宙語で情報が入るようになる場合がわりあい多いです。リーディングではよくありますが、訳わからないけど書いてしまうというのは宇宙語で、ノート一冊お持ちくださった方などは、まずその典型的な方ですね。

そういう状態は、入ってきているその宇宙語が正確であったり、どんどんその正確な内容の表現ができてきても、意味がわからないうちは、時空が信頼してくれていない部分がまだ相当あるということです。これは家族が関係しています。家族に環現していく意識を自覚して実践していかないと、時空からは信頼がもらえません。

FUEの周りには、そういう役割をしてくださる方がかなりいらして、正確な情報をいろいろ送ってくださいます。でも本人は何を書いているのかわかりません。今はそういう方はいなくなりましたけど、セミナーを始める6～7年前までは、結構そうやって協力してくださる方がいました。

「時空の仕組み」にはマニュアルはない

話を元に戻しますと、FUEではスタッフが体験して学んでという状態のとき、私はヒントを伝えるだけで、方法を具体的に伝えることはまずないです。誰にもそれを伝えたことがありません。

基本は、「時空の仕組み」にマニュアルはないのです。マニュアル化するというのは、どこか共通点を拾い出しているだけで、逆に言うと、共通でない部分がその人固有の重要な役割なのです。

それでFUEのセミナーはマニュアルを一切なしにしています。マニュアル化するということは、本人の本来の一番重要な役割を摘み取ってしまいます。気づくチャンスを失ってしまうのです。ただ、自ら気づいていただくためのヒントは送ります。これがDEVIK《デヴィック》ですね。

　そのヒントというのを送っていくと、おもしろいです。意味のわからない宇宙語をずっと書いている状態から、「あ、これかなり重要な情報が入っているから、私、その情報の内容をチューニングさせていただいて、IFUEでそれ役割させてもらうからね」と、だんだんそういうふうになっていく状態が起きます。意味がわかるようになるまでに、少し時間がかかるんです。

　それは、自分だけが進化していく状態から家族に環現していく状態、これを実践していくと起きてきます。つまり兄弟姉妹に感謝、両親に感謝、あるいは、ご主人に感謝、奥さんに感謝、これを実践していく状態で、少しずつ、不思議なことが起きてきます。

　おもしろいのですが、宇宙語だけ書いて意味がわからなかったのが、その中に英語の単語が1語とか2語入ってきたり、日本語の漢字が1語とか2語入ってきたりすることが起き始めるのです。これがヒント、キーワードです。本人も何となく、あれ？　ここに書いてあるのはこういう関係の内容なのか、とわかります。私自身も、チューニングするときにそのキーワードを見ると、全体のそれがパッと伝わってきて、すごく早いんですね。

これはよくあることで、パソコンや何かでもたびたびそういうことが起きます。

例えば、メールのやりとりで、情報が漏れてはまずい場合には、「重要な情報は、電話回線を使わないでください」というメッセージがきて、全部消えちゃうというのが起きたりします。やむを得ません、というくらいのときは、全文文字化けだけど、中に漢字が1ページに3箇所か4箇所入っているとか、英語の単語が1語とか2語入っているとか、そういうやりとりというのは、5、6年か7、8年前まではかなりありました。今はそれもなくなりましたが。

結局、そういうことが始まっていくと、家族に環現の状態を実践しだしているのがわかります。それは本当に素晴らしい方向で、「だんだん信頼されてきているから、今に全文が宇宙文字で書くと同時に、日本語で書けますよ。そういう状態がきますよ」ということをヒントで伝えておくわけです。結果として、だんだん自分で宇宙語を書くし、日本語も書くという状態が起きて、それは家族にどんどん環現されて、家族もどんどん進化していきます。

そういう体験を繰り返して確実に正確に情報が入るようになってきます。これがEUM

や樹生のスタッフに起きています。

ロゴマークのデザインや建築の設計のデザインが最初は全然できなかった樹生のスタッフに、顕在意識ではなく、情報が入ってくるようになるのです。すごい振動波の空間の情報がちゃんと最初から入るようになってくるのです。はじめはもちろん、何にもできません。だから、誰にでも共通に脳の仕組みは用意されていて、その仕組みを使っていないだけ、使っていないから使えなくなっているだけ、それだけなのです。

それも研究成果の一つですから、セミナーでそういう研究成果をみなさんに体験していただいて、それで正確に情報の入る方がたくさん増えてきました。そして、その方々がネットワークをつくっていくという状態が今起きています。

直観を使って日常生活をすることで、誰でも正確に情報の入る状態に向かいます。私どもは確実にそうなっていく体験をしています。

大事なことはこういうことなのです。振動波で交流をして、未来の時空間から情報が入るようになるためにはどうするかというと、研究成果を実行して、役割をしていくということです。結果的に、正確に情報が入るような方が増えていきます。

忍耐強く実践する

例えば、『波動の法則』の本に共鳴してくださって、講演をたくさん聞いてくださって、何十万人の方が共鳴してくださっているのはわかりますが、でも実践してくださっている方というのは、ものすごく少ないです。みんなあきらめてしまうのですね。

本に書いてあることはその通り共鳴しました。でも、自分の仕事には反映、環現できない。1回か2回、やろうとしてくださった方はたくさんいらっしゃると思いますが、すぐ挫折してあきらめてしまう。講演をやらせていただくと、ほとんど質問の内容はそれなんですね。自分の場合は難しいという結論になっています。

共鳴して、自分の仕事でやろうとした。でも、自分の場合、仕事や職場の内容からすると、自分の家族の状態からすると、それは難しい、という結論にみんなしてしまうのです。それでできない、だからどうしたらいいか、という質問になります。

私自身、スタートの時点で、3年も4年もそういう体験をしています。ごくごく普通の、当たり前の自我と欲の塊で、名誉欲、地位欲、金銭欲で、建築家のプライドを前提にしてやっていたわけですから。その体験からすると、そういう方の気持ちはよくわかります。

でも、全部実際は同じなのです。全部、弁解して、自己弁護してしまう内容をもっています。EGO《エゴ》の文化の中で、EGO《エゴ》の生き方をしているのですから、当然ですね。私もそうだったように。

それを、気づいた方向にどうやって忍耐強く実践するかなのです。それには、「理解をする手順ではだめ」だということを、繰り返し、繰り返し、思いっきり知らされました。要するに「気づくしかない」のです。

「理解」するのではなく「気づく」こと

学ぶということは、「理解」するのではなく、「気づく」ことです。「気づく」と「理解」はまったく違います。ここに気づかされるまでが、一つの転換期です。

簡単に言ってしまえば、理解して実行したのは、振動波が低いのです。どういうことかと言いますと、理解して実行したというのは、自分が今回の人間として生まれて体験して学習して学んだ知識を元にして、判断するわけです。それと照合して、自分の自我と欲が満足できる状態で受け入れるか受け入れないか、そこで境目を決めますね。理解して納得するというのは、自分の自我と欲が満足できないかぎり、絶対、受け入れない、納得しないです。これが「理解」です。

「気づく」というのは、そういうこととは関係がありません。腑に落ちて、受け取ってしまうのです。損しようが得しようが、自我や欲が満足できようができまいが、それを理屈抜きで受け入れてしまうということなのです。これが「気づき」です。「時空の仕組み」の本質の部分の一端に触れるのです。

それは、自分が何のために生まれて何のために生きているかの背景があって、損しようが得しようが関係がない。「えーっ、そういうことか」「これをやったらひどい目にあうなー」と顕在意識で判断する。そうすると普通はやめてしまいます。そういう体験を、子どものときから大なり小なりみんなしていて、修正するか、拒否するか、辞退しています。

私もそれをたくさんやってきたことに気づかされた時期が40代です。40代前半でようやく、そういうことだったのか、と。だから、恐いけれど勇気をもって実行してみようという、その勇気は必要なのです。若ければ若いほど、しがらみが少ないから、やっぱり早いです。

結婚して子どもができて、信頼、信用が拡大して、そうした状況が整えば整うほど、本当はそうだけど、でも「わかっちゃいるけどやめられない*」が始まってしまうわけですね。

*『スーダラ節』JASRAC 第1411329-401号

昔の、植木等さんみたいな歌の内容は、私たちの文化では世界じゅうがやっていることですよね。

　気づいてわかったら実行する、これがＦＵＭと樹生の仕事そのものです。それに人生をかけているスタッフが来てくれているだけなのです。

決心、実行、決心、実行

　これは、良いとか悪いとかではなくて、自分が決断して選択して実行するしかないのです。ありがたいことに、セミナーに参加してくださっているあらゆる職業の方が、そういう決心をして、挫折を繰り返しながら、でも自分の仕事に何とか環現しようと、忍耐強く参加してくださっています。その参加してくださっている方に、だんだん、だんだん、正確に情報が入ってきて、勇気をもって小さなことから「決心、実行、決心、実行」をされているのですね。

　裏づけの根拠はなくても、実行するという勇気。この状態で、理解するのとは違う体験ができるのです。理解では絶対に体験できない感覚です。説明できないですけど、「知っちゃう」「わかっちゃう」、これがいわゆる「腑に落ちる」ということです。

ハートのチャクラ

もう少し違う言い方をすれば、「腑に落ちる」というのは、ハートのチャクラに届くことなのです。ようやくハートのチャクラに届いて、理解とは違って気づいた、それは本質、つまりEXA PIECO《エクサピーコ》さんに届くということです。「納得」とは違います。「ハートのチャクラで受け止める」ということです。その意味では、顕在意識の見る、聞く、話すという、目と耳と口の本来のEXA PIECO《エクサピーコ》さんに届く部分というのは、ANAHATA CHAKURA《アナハタチャクラ》、ハートのチャクラですね。それによって、EXA PIECO《エクサピーコ》さんに通じます。

チャクラについては、いろいろな文献に載ってますね。様々な文献に載っているチャクラで、本当に重要なのはハートのチャクラ、4番目のチャクラです。

あとの能力というのは、自然に生まれてきてしまいます。そういう能力をつけようなんて思わなくても生まれてきます。そういう能力を開発しようというのは、EGHO《エゴ》そのもの、自我そのものですから、能力を開発する意識をもつ必要はまったくありません。正確に情報が入るようになるというのは、みんなその能力が生まれてきてしまうということです。

違う言い方をしますと、ハートのチャクラが開くのは、一番遅いです。この文化レベルでは、7つのチャクラが全開するといっていますが、FUEでは15のチャクラが全部開いている状態で「全開」といいます。15のチャクラというのは、これは7つとは桁が違いますから大変です。全開するスタッフでも、ハートのチャクラというのは、ものすごく大変で、開いても、開いても、しぼんでしまいます。開いても開いても、活性化し続けていないとしぼんでしまうのですね。小さくなってしまいます。

気をつけないと、この文化は、特殊な能力が生まれると、興味本位でそれを使い続けてしまいます。使い続けますと、確実にきついメッセージがきます。そういう能力は全部、いずれいろいろな形で気づいてもらって、役割をしてもらうために生まれ始めたのに、それを興味本位で行っていると、しまいには能力全体をストップする状態が起きてしまう。これはよくある例です。ある意味では、正常な判断や理解ができなくなってしまう状態も起こり得るのですね。

ですから、いろいろなケースはありますが、大事なことは、直観で情報を得るという状態が、より正確になって、より大きなサポートが起きるというのは、ハートのチャクラが結果的には開いていくことなのです。そしてそれを持続することです。持続が難しいのです、ハートのチャクラというのは。

ハートチャクラが相当開いて、かなり実行され、そういう状態が持続していても、何かのきっかけで自我と欲が拡大してしまって、本人がそういう役割をしないで、顕在意識の状態が長い時間続いてしまうと、ハートのチャクラがつぼまってきてしまいます。

この文化では、顕在意識で考えることを習慣づけたために、生まれてくるときから、脳の仕組みがそうなってきてしまったというのが続いているわけですね。

日常で直観を使い続ける

日常的に、短い時間でいいから直観を使い続ける。短い時間でいいというのはどういうことかと言いますと、例えば本屋さんに行って、新しい本を買おうとするときに、内容を見てから本を選ぶのではなくて、内容を見ずに直観で、その本が自分に今適切かどうか、必要かどうかという、それを観じればいいんです。

大事なのはそこの部分なんですね。それが必要かな、必要じゃないかな、あるいは、目に入った本が、これは「自然の仕組み」に適って調和のとれた信頼のできる本かなという、そういうことを直観で観じることが大事です。

あるいは何かを求めようとするときに、パンフレットの説明文を読む前に、このパンフレットの振動波、どんな振動波かな、どのくらい信頼できるかなという感覚で体験する必要があります。

「自然の仕組み」に適って調和がとれていれば、自分流に観じる状態、たとえば、すごく気持ちよく清々しいとか、何か温かいものを観じるとか、快適な何かを観じるとかがあります。見てしまうと顕在意識で影響を受け始めますから、最初は、読まないでそれを体験する。

これが日常的にできる直観の体験です。

仕事をやっていても、それはできるんですね。最終的に顕在意識で判断しても、最初のその体験は、どんな仕事でも、誰でも絶対できます。

それを習慣づけると、自然に直観が増してきます。

最初に観じたほうを選ぶ

これは何でも同じです。文房具屋さんに行って、文房具を買うときでも、それからスーパーに行って、果物を買うのでも、野菜を買うのでも。要するに、買い物に行って選ぶときに、直観で選ぶ。果物なんか触らないで選べばいいんですよ。そうすると、向こうも喜びます。

果物は、触られれば傷むのに、顕在意識で知っている情報を確認しようと、お尻のほうを押してみたりとか、やってしまうわけです。むりやり触ってみて、色合い、ツヤ、形態、大きさとか、顕在意識で調べるわけですね。そういった知識として学んでいることを別にして、例えば、同じリンゴがたくさん並んでいたら、直観で、最初にどのリンゴを見たか、これが基本です。「今あなたに必要なのはそれですよ」なんです。

でも、おもしろいのですが、買いに行って、牛乳であろうが、お豆腐であろうが、同じように並んでるところってたくさんあるではないですか。そのときに、自分が目で見ているのに、それとは別に手が向こうに行っていたら、そっちなんです。具体的なほうがメッセージで、知らない間にその行動をとっているのです。逆の場合ももちろんあります。つかんでいながら、別のほうを見て、これかーっていうふうにつかんでいるのをやめてしまうとか。

ですが、最初に観じたほう、これが当たりです。基本的に、直観というのはそれなのです。要するに、EXA PIECO《エクサピーコ》とFIX《フィック》と顕在意識の中で、顕在意識が最終的に、知識を基にして、利害損得も含めて、判断して決断するでしょう。そうする前に、EXA PIECO《エクサピーコ》さん、FIX《フィック》さんが、「これですよ。今日のあなたに必要なのはこれですよ」というのがあるのです。

これは、本当にもう顕在意識で考えたら絶対選ばないようなものも、知らされて選ぶのです。

失敗をしたことはもちろんありますよ、たくさん。でもそれは失敗したのではなくて、本当は、気づけないだけなのです。なぜそれを時空が選ばせてくれたのか、気づけないときに、「失敗したー。何でこんなの買ってしまったのか」と言うんです。だんだん、わかるようになってきます。そうすると、そのときの自分にとっては、それが必要だったのです。それを通じて、何を学ぶかということですね。

仮に半分、腐っているものを選んだとします。あるいは、目で見て、あきらかにこっちのほうがいいと、いろいろな知識からするとわかっているのに、何でこれを選んでしまうんだろう、というのを選ぶんですね。知らない間につかむとか、見たりしているんです。

それは、そのときの自分にそれが必要なのです。

種類が違うものを選ぶ場合もあります。例えば、ある物を買いに行ったのに、それを買わないで、こっちを見ている。何でなんだというのがわからなくても、見ているものを買ってくるのです。買い物に行った内容、種類まで変えてしまうのです。

それは、今の私にとってそれが必要です、というものを知らせてくれているのです。今の私にとって、「そのFUGEIEKIN《フゲーエキン》の種類の、この食べ物のほうが必要です。だから、その野菜じゃなくて、こっちの野菜で今日食べる料理を作ったほうがいいですよ。果物はこれを補給したほうがいいですよ。こっちのほうが好きで、これを買いに来たけれど、でも、こちらを今日は補給したほうがいいですよ」というふうに知らされます。

それはもう、いろいろな場合があります。本当は、自分にとってこっちのほうが必要だと観じていても、「今日のスーパーのお店の状態の内容からすると、それは非常に振動波の低いものが入っています。だからそれではなくて、今日はこちらでほぼ近い微生物さんやエネルギーの振動波を補えますから、こっちの種類のものを買ったほうがいいんじゃないですか」というメッセージもあるんです。

これはお魚や何かでも、歴然としてます。今日のその種類のお魚は、振動波として非常に低い、よしたほうがいいという場合に、私があんまり好きではないお魚でも、「こっちのほうがあなたの今の身体に必要です。しかも、今日のお店の品物の状態からすると、こちらのほうがずっと調和がとれていて新鮮ですよ」と知らせてくれているのですね。

最初の頃はわかりませんでした。失敗ではないのに失敗したと思った状態とか、本当に失敗をしたとかあるわけです。でも、それを繰り返していくと、そういう小さなことは、直観の体験の自信につながるのです。

それを日常で繰り返さないと、大きな決断はできないのです。

裏づけ、根拠を求めない

自分の人生に関わるとか、命に関わるとか、会社の大きな信用に関わるとかいうときに、直観で入ってきたものを裏づける根拠を調べようとすればするほど、サポートはなくなってきます。「裏づけ根拠を求めない」で、決心して実行するときに初めてサポートが起きるんですね。裏づけ根拠を求め始めると、結局、ブレーキをかけていって、顕在意識でわかっている範囲にしてしまう、修正してしまいます。それは、もうすでに直観ではありません。

私自身もそれを繰り返し体験してきて、なるほどという体験を繰り返したなかで、決断する勇気がだんだん変わってきました。命に関わる場合でも、正確な情報かどうかを確認するだけです。正確に情報が入っているとわかったら、あとは今できる最善を尽くします。どうしても命に関わるものは、顕在意識で余分な心配をするわけです。でも、それをやっている暇があったら、今できる最善を尽くして、それが実現するにはどうするかに専念してください、というメッセージがきます。

もう少し突っ込めば、100％信頼しなかったから、疑っているのです。それで、裏づけ根拠を求めるのです。

正確に情報が入るようになってきたら、「時空の仕組み」のサポートをしてくれている意識体を、100％、こちらが信頼する。そうしたら不安も心配も起きません。疑うことはあり得ないです。

疑うというのは、サポートしてくれている時空を疑っていることになります。どれだけ本気になって時空は実行し続けてくれているか。もう何年でも何十年でもサポートし続けてくれています。

人間として、今生での体験の学習はわずかなものです。50年人間しようが、60年しようが、70年しようが、意識体がサポートしてくれる背景には、何億年とか何百億年の「自然の仕組み」に適った情報を元にしてサポートしてくれているのですから、レベルが違います。ですが、私たちは疑ってしまうのです。

金額も直観で決める

今井　経済的なことも、全部、直観で……？

足立　本やセミナーの金額や何かも、みんなそういうふうにしています。

ご存じだと思いますが、「FUM」のセミナーは、参加する方が金額を決めます。参加費をご自分で決めていただいています。

ただし、それだといくらにしていいかわからないから、何かヒント、目安をという要望に対して、こういう目安をとりあえず作っておきますが、でも、全員に平等な金額で売ったり買ったりするというこの文化の仕組みは、「自然の仕組み」に反していますと、説明させていただいています。

鉛筆1本、全員100円、誰が買っても100円。ノート1冊、誰が買っても120円。これでは、必要な方に、必要な「自然の仕組み」に適って調和のとれた方向で役割をしていただくことができません。

必要なものを誰もが分かち合えるのが「自然の仕組み」

体験して学んでいる方であっても、この文化のルールで決められてしまっていることは、お金のない方は買えないのです。持ち合わせがそこまでなかったら、買えません。生活の状態からして、自分がそういう状況にあるときには、必要でも買えないのです。この文化は、それがルールになっています。

ですが、「自然の仕組み」の本質の部分、存在するものすべては本当はどういうことかと言いますと、人間が生み出そうが、時空が生み出そうが、人間が生まれて体験して学んで成長していく過程で、必要な道具や装置を生み出しているとすれば、本当は、空気と土と光と水と同じです。これは人間だけではありません。動物も植物も鉱物も微生物もすべて、必要なときに必要なだけ、必要な場所に必要な存在が、全部自由に使えるようになっているのが、空気と土と光と水です。
　地球という惑星で、生態系が循環していくというのは、それぞれ代わりがきかない役割があって、そこで必要なものを全部、誰もが同じように分かち合える、これが「自然の仕組み」です。
　つまり、人間の都合のルールではないのです。この文化の法律というのは、人間の都合のルールです。

マネーの本質

　この文化はマネー、お金にものすごい執着していますけど、本当の意味でシェアをするとしたら……。マネーの語源に、MUNIYI《ムニー》というのがあるのです。

今井　何語なんですか？

足立　これは、カシオペア座のベータ星の言葉です。

MUNIYI《ムニー》が語源で、マネーと言いますが、MUNIYI《ムニー》のことだけ話しても、何時間では終わらないと思いますので、大まかにお伝えします。要するに、MUNIYI《ムニー》というのがいかに重要かということなんですね。

MUNIYI《ムニー》の本質とは何かというと、先ほど言いましたように、FUE が追窮している、生まれるとは何か、死ぬとは何かに関係してくるのです。

死ぬということも、お伝えし始めるとものすごい膨大な時間がかかってしまいますが、死に方には4種類あって、その4種類がいかに重要か、そのことも「何のために生まれて何のために生きているか」につながっています。死ぬときに、なるようになる結果が出るという、そういうことに全部つながっているのです。本質であり現実ですね。私たちは、生まれて生きているのですから。

MUNIYI《ムニー》も同じです。マネーは、MUNIYI《ムニー》という本質からきたエネルギーの振動波の一つですが、この文化は、マネーにこだわってしまっています。

空気や光や土や水というのは、本当の意味でシェアする、ある意味ではMUNIYI《ムニー》、マネーの語源になるMUNIYI《ムニー》の重要な要素になっています。体験して学んで進化していく過程で、生態系が循環するために、本来、誰もが必要に応じて分ち合えるようになっているわけです。

それなのに、人間の都合で、動物や植物や鉱物さんにまで迷惑をかけ、微生物さんには思いっきり迷惑をかけています。水の汚染とか、空気の汚染とか、土の汚染とかですね。光も汚染しています。紫外線というのは、本来は重要な役割をする調和のとれたFUGEHEKIN《フゲーエキン》の組み合わせの振動波なんです。紫外線は、FUGEHEKIN《フゲーエキン》ですから。それが、ものすごく歪められています。

お金・マネーというルールをつくって、経済の仕組みがどんどん歪んできて、今はエネルギーの振動波にだけ、ものすごく執着してしまっています。

大まかにお伝えしておきますと、MUNIYI《ムニー》の本質は、大きく言って要素が3つあります。その一つはお金と同じエネルギーの振動波、もう一つは物質の振動波、そして一番重要なのは、それ以外のFUGEHEKIN《フゲーエキン》の振動波です。

MUNIYI《ムニー》というのはFUGEHEKIN《フゲーエキン》の振動波が中心になっていて60％くらいを占めてます。少なくともEGHO《エゴ》の文化レベルではそうです。そして、エネルギーの振動波は20％くらい、物質の振動波も20％くらい。これが１００％をMUNIYI《ムニー》としたときの、大まかな比率です。

この文化は、マネーとしてエネルギーの振動波にこだわってしまって、それで経済の仕組みも、社会の仕組みも、政治の仕組みも、全部大きな影響を受けています。

MUNIYI《ムニー》と言ったときに、本来、一番重要なのは、FUGEHEKIN《フゲーエキン》です。FUGEHEKIN《フゲーエキン》がどういう状況になっているか、地球という惑星がどうなってしまっているかというのは、よその星の方からは一目瞭然です。

MUNIYI《ムニー》の問題というのは、本質に関わる非常に重要な問題ですが、ここではそのくらいにさせていただきます。

時空も自転公転する

時空も自転公転してます。ミクロからマクロまでということは、どんなに大きな時空になっても、自転公転しています。

地球なら地球、太陽系なら太陽系、私たちの銀河系なら銀河系が、回転してその時空間・時空元に出会うサイクルというのがあるのです。

12回のビッグバン

現代科学が言っているビッグバンというのは、この文化ではたぶん1回しか起きていないことになっています。ビッグバンが起きて、膨張し、今、宇宙ができているということになっているとされていますが、実際には、『真 地球の歴史』でお伝えしているように、ビッグバンは12回起きているのですね。今回のが12回目のビッグバン以降の状態で、現代科学が言っている状態は、一部、現象としてその通りのようです。膨張していると見えるのは、それはそれでいいと思います。

12回目のビッグバンが起きて、そのビッグバンとは何なのかを、『真 地球の歴史』では大まかにお伝えしてます。本の中にMIYULUA《ミュルア》さんの表がありましたが、この表で、ビッグバンが起きる状態はいつかということを、大まかにお伝えしています。

この時点では、MIYULUA《ミュルア》さんが、時空の最終の意識体の時空間・時空元だと思っていましたので、それでこういうふうに書いていたのですが、今言えるのは、この先が延々とあるということです。その先と交流していますが、それはこういうことです。

時空のFUGEHEKIN《フゲーエキン》を元にしてつくられている意識体、EXA《エクサ》 PIECO《ピーコ》さんというふうに私たちの文化では言っていいと思いますが、それが全時空間・時空元に全部、調和のとれた状態になったら、つまりここで言うと、MIYULUA《ミュルア》さんレベルに全部がなったら、何が起きるか。FANT《ファント》が起きると言うのです。それがビックバンだと言います。

情報ではそういうことなのですね。

繰り返しますが、時空全体のEXA PIECO《エクサピーコ》さんが、全部、気づいて実践して、調和がとれたとき、次の進化に向かうという意味で、時空そのものがFANT《ファント》します。それがビッグバンです、というのが情報なのです。これはもちろん裏づけ根拠があるわけではありません。

『真 地球の歴史』のビッグバンの図は、栗田正樹さんに入ってきていた情報の図をお伝えしていますが、栗田さんから送られてきた図は、ビッグバンが起きたときの図だったわけです。それをメモして、大まかにお伝えしています。

時空がすべて調和のとれる状態に行きわたる時期というのは、今の状態ではわからないです。ですが、今まで11回あったと言うのですね。今回が12回目のビッグバンです、そうやって時空も進化をしています、と言うのですね。

今言えることは、FUGEHEKIN《フゲーエキン》さんが時空を構成していて、そのFUGEHEKIN《フゲーエキン》さんがそういう方向に向かって、最終的には進化して役割をし続けているということです。
そして12回目のビッグバンが起きてから、3万3千年のサイクルというのが、今までに、大まかにいって338万6千回起きていると言います。3万3千年のサイクルは、あるスケールの回転をしている時空間があるのです。

それはこういう言い方もできます。

地球という惑星を例にとれば、時空も地球と同じように、調和のとれたエリアと不調和なエリアと、そこらじゅうにいろいろなふうに分布していると言います。時空自体も、意識体も全部含めて、調和のとれた意識体や不調和な意識体が、いろいろな形で分布していて、それ自体も回転運動しているらしいのです。

ブラックホール

天文学的に観測してわかる、どう考えても正常な時空間ではない存在があって、そこに出会うと、確実に、全部のみ込まれて消滅してしまうという現象が起きているらしいというのが、現代科学が認識しているブラックホールの状態のようです。

情報もかなりそれに近くて、より正確に言うと、陽子がものすごく歪んだ時空間が、想像を絶する大きなスケールから、想像を絶するミクロのスケールまであると言います。時空は、調和のとれた時空間が、L時空ならL時空の時空間として存在しています。ブラックホールのような存在を、私どもの現代科学は、電波望遠鏡などで、結局、映像化して観測する、見るという作業をとっています。

ここが私たちの文化の限界なんですね。

現象として見るという作業は、最終的に、ミクロのものも拡大して見ようとするし、遠くのものも拡大して見ようとします。しかもそれは、先ほど言いましたように、測定器の確認できる範囲の限界で、それ以外はないのと同じ、そういう意味ですよね。

それはすべてにおいて同じです。現代科学をベースにすると、研究の仕方がそういう方法ですから、現象に基づいて、五感を通じて見るという確認をするために、装置、道具を開発します。測定器とか拡大器とかの方法で、五感で見る、感じるという、振動波としては低い振動波にしぼっています。

五感の振動波は、すごく低いのです。おおざっぱに申しますと、10の3乗、4乗Hzくらいから、せいぜい20～30乗Hzくらいです。味で感じるという精妙な振動波と言われるものを入れても、そのレベルなのですね。

ところが、惑星連合からの情報をメッセージで受け取るのは、10の1千億乗Hz以上（2014年1月22日以降の情報。『波動の法則』では10の10億乗Hzと伝えています）ですから、桁が違います。振動波で交流しないと、交流のしようがありません。

人間の脳の仕組みというのは、きちっと周波数変換して、自由に受振発振できる仕組みを持っているのに、それを使わない。使えない状態にしているだけということですから、使えるようにする以外に方法はないのです。

それが直観を使うということに、全部つながっています。直観が正確に入るようにするにはどうするかというのを、セミナーでもやってきましたが、それを機会があればお伝えしているわけですね。

実は、3万3千年のサイクルのときよりも33万年のサイクルのほうが、さらに直観を使って、情報を具体的に正確に得るということが、より重要になってきています。ここが問題なのです。

どういうことかと言いますと、3万3千年のサイクルというのは、大まかに言ってしまえば、この文化で言うブラックホールが、つまり、回転してくる時空間の量的なものやスケール的なものが、非常に少ないのです。

地球とか太陽系とか私たちの銀河系とかというのは、そのブラックホールがどのくらいのスケールかによって、出会う状態が変わってきます。量的なものやスケール的なものや、それから、どんなにミクロの見えない状態でありながらも、ものすごい数がものすごい密度やスケールで、時空間として回転してくる。そしてそこに出会う。それは大変な問題なのです。

私どもの文化では測定できないから、何にもないと思いますけど、地球なら地球という惑星が、いつの間にか正常でない状態になってしまい、自分たちがもし、その時空元の振動波で干渉波を受けてしまうレベルの同じ振動波をもっていたら、その影響を受けてしまうのです。

33万年のサイクルでは、陽子がものすごい歪んでいて、すごい不調和になっている時空間が、今までに３３８万何千回も回転してきている状態がビックバン以来起きています。それの３３８万何千回目に、今回私たちは出会っているのです。

顕在意識は遭遇してしまった、偶然という感じですよね。でも、出会っているのは偶然はなくて、EXA《エクサ》 PIECO《ピーコ》は承知してその時期に生まれて、人間として体験して、そして地球という惑星で、私たちは学んで役割をしています。EXA《エクサ》 PIECO《ピーコ》さんはそういう状態を選択していたのです。顕在意識は、その状態で生まれて体験して学ぶなかで、それに「気づけるか気づけないか」というのが問題です。

３万３千年のサイクルというのは、その回転してくるブラックホールの量が非常に少ないということです。小規模ですから、時空の回転としてのサイクルでは、そんなにあわてて体験して学んで進化してという状態でなくてもいいのです。時空間のサイクルでめぐってくる部分としては、地球という惑星レベルでは準備をする期間がたくさんありました。

２０１０年頃から本格的に33万年のサイクルに入った

何百万回目の状態に出会った今回の地球という惑星も、２０００年の12月末で一区切りついて、そこから10年くらいかけて、今33万年のサイクルが本格的に始まりだしています。２０００年で、３万３千年のサイクルは基本的に終了しました。

３万３千年のサイクルだと、銀河系レベルまで影響しないで、太陽系のレベルの範囲内です。地球という惑星は、１万３千年か１万４千年くらい前からその体験をずっとしていました。この文化流の時間の概念で言えば、1万4千年くらい、地球という惑星は、3万3千年のサイクルに遭遇し続けていたので、その間に準備すればよかったのです。

3万3千年のサイクルのときに、『波動の法則』の本の発振で、少しでもそういうあわてないですむ準備をしていただける期間が、10年以上ありました。2000年までの間に、少なくとも4、5年か、5、6年はあったのですね。ですから、その役割ができればということで、本を出させていただきました。

それから10年経って、いよいよサイクルが33万年に入ったら、今度はブラックホールのスケールの大きさや回転してくる周期の間隔、密度など、桁が違います。

最初に言いましたように、時空は調和です。私たちの意識体も含めて、EXA《エクサ》 PIECO《ピーコ》も含めて、どこの時空間の意識体も、常に万遍なく調和のとれた時空間から不調和な時空間までが、ものすごい多い量からものすごい少ない量まで、それから、スケール的にものすごい大きなものからものすごいミクロなものまで、そういうものが時空間の中に存在しています。それが回転しています。

ですから、何万年に1回とか、何十万年に1回とか、何百万年に1回とか、このサイクルを他では33万年までしかお伝えしていないですけど（『真 地球の歴史』参照）、115万年というのがここにちょっと入れてありますね。115万年というのは、逆に調和のとれた振動波が回転してくる、時空間の側のほうですね。そういう交互に回転してくる状態が、たぶん、詳しく調べていないですが、あると思います。

この33万年のサイクルというのは、期間がそんなに長くないのです。3万3千年というのは、1万年以上あったわけですね。1万何千年か繰り返します。地球や太陽系はずっとその振動波のサイクルの内容で、とにかく出会っていたわけです。

でも今度は、銀河系レベルが一つ二つじゃなくて、もっとものすごい数が影響受けてしまうのです。われわれの銀河系がのみ込まれてしまうほどのブラックホールのスケールで、その時空間が回転してきます。

この文化流の時間でその期間を見ますと、そんなに長くはありません。何万年とかではなく、九十何年、94年くらいのようです。ですが、九十何年間くらいその状態が続きますと、ものすごい状態ですから、なくなってしまう時空間、あるいは星々がたくさんあるということです。違う言い方をしますと、ものすごい短い期間に、ものすごい状態が起きてしまうという意味では、猶予期間がないという言い方もできるのですね。

そういうなかに、地球が入ってしまうか入らないかは、自ら選択している状態です。今のまま行けば、間違いなくのみ込まれてしまう状態の振動波を、どんどん増幅しています。それが何万年も続いてしまったら、それこそ宇宙の何十%ものL時空間が影響を受けてしまいます。

しかし、それらの現象は、いかなる存在も、避けることも逃げることも不可能であると同時に、その必要もまったくないですし、さらに恐れることでもないのです。それは、「なるようになる」、という結果が出るのです。つまり、「FUE」が常々お伝えしている、日常生活で、「自然の仕組み」に適って本質と現実の調和のとれた実践実行をし、EXA PIECO《エクサピーコ》が進化し続け、時空元上昇が持続しているかぎり、その存在は、ブラックホールに出会うことはあり得ません。ただし、顕在意識では全然気づけませんので、「日常生活の自らの直観実践がいかに大切か」ということです。ちなみに、ブラックホールは非常に低い0.002時空元以下のようです。

L時空とR時空

R時空間をL時空に生み出してしまっている、そして完璧に調和がとれているL時空で、

R時空のすごい文化を築いている惑星ないしは惑星連合があるとの情報です。R時空にも同じように、L時空をつくってしまっているようです。

時空には現時点で100%、L時空はL時空、R時空はR時空としますと、L時空にR時空が完全なその文化を築いてしまって、その振動波を広げて、役割として疑いなく実行してしまっている、そういう状態が……（チューニング）3.9に近い、4%弱なんです。これはもっと多かった時期から見ると、宇宙の歴史の中では、かなり減ってきてはいます。漫画の世界の一部では、情報で入ってきたものの一部を伝えるということもありました。鳥山明さんの『ドラゴンボール』（集英社）等もその一例のようです。

宇宙戦争

宇宙の歴史の中には、強制的に気づかせるのではなくて、強制的にその方向に改善する活動をした時期というのがあるらしいのです。すごい衝突した時期、SFの宇宙戦争という言い方ができる映画や何かいろいろなものがありますが、あのような状態です。

その時期で一番、時空が危険な状態に向かっていた時期というのは、L時空だけで、R

回転のそういう時空間が……（チューニング）12％くらいまでいっていた時期があります。そういう時期には、ものすごくそういった戦いがあったそうです。

ですが、それをすればするほど増えていってしまう状態から、銀河連合の情報では、時空の意識体が、DEVIC《デヴィック》の仕方を変えてきているそうです。

今井　これは、大戦争と言われているものですか？

足立　ええ。オリオン座などは、ものすごいマイナーな状態になりました。もちろん調和がとれている星も、オリオン座の中にはありますが。プレアデスやおうし座も、どんどんマイナーな影響を受けてしまうとか、いろいろあったようです。

ですから、その大戦争、宇宙戦争があったというのは、事実、そういう時期があって、それは宇宙の歴史の中で、時空全体の中の2％前後が大きなダメージを受けて、今でもその後遺症が続いているようです。

ENOCH《エノック》というのは個人名ではなくEXA PIECO《エクサピーコ》の役割段階の名称

例えば、MIYULUA《ミュルア》さんの意識体レベルでいうと、ENOCH《エノック》さんはその入り口です。MIYULUA《ミュルア》さんの中の一番最初の段階くらいの意識体が、ENOCH《エノック》さんというレベルです。ENOCH《エノック》さんというのは、個人名ではなくて、EXA PIECO《エクサピーコ》の役割段階の名称です。MIYULUA《ミュルア》さんの中には、その段階レベルから始まって、大まかには分けると……（チューニング中）6段階くらいあるのかな。MIYULUA《ミュルア》さんの最後の段階で、ENOCH《エノック》と同じようにプレアデス語で言うと、一番最後がUYNER《ウイネル》と言うようです。ウイネルと言うのは、UYNERですか……。そんな段階の名称があります。

これが、EXA PIECO《エクサピーコ》さんの段階として、時空全体を調和のとれる方向に、その振動波を発振し続けているという時空ですね。ここでお伝えしている感謝とか、調和とかの振動波です。

その先もまた限りなくあるのが知らされて、そこと交流をしながら、役割をという状態が起きるタイミングもあって、ENOCH《エノック》さんからUYNER《ウイネル》さんまでの間は6段階くらいの名称があります。そして、それはEXA PIECO《エクサピーコ》さんの段階で言うと、桁数で8桁くらいの段階があるんですよ。

一口にMIYULUA《ミユルア》さんと言っても、中にものすごい段階があるのですね。これはもう、ただただ調和をとり続ける意識体の時空間が、宇宙全体に発振されていて、そういう役割をされている状態です。

淡々と役割を実行する

オープンにできない情報もたくさんあります。もしそれを言って、地球で誰かその役割を本気で取り組んでくださる方がいればいいのですが、実際には興味本位だけで広がります、と言われます。ですからIFUEと樹生では、淡々と役割を実行し続けています。

先ほどのFUGEHEKIN《フゲーエキン》のところでお伝えしていなかったことがあるのですが、ガン細胞の中でFUGEHEKIN《フゲーエキン》さんのほうが振動波が高い理由が、あの時期にはわかりませんでしたが、今言えるのは、こういうことです。

人間のEXA《エクサ》 PIECO《ピーコ》さんを、はるか昔に卒業して、延々と体験して学んで進化している状態でないと、FUGEHEKIN《フゲーエキン》さんのEXA《エクサ》 PIECO《ピーコ》さんとして、FUGEHEKIN《フゲーエキン》を選択するような段階にはなれないのです。

FUGEHEKIN《フゲーエキン》さんのEXA《エクサ》PIECO《ピーコ》さんというのは、時空そのものの本質と一体化しているのですね。

使命、使命感というのは、自我の振動波が30%くらい入ってしまうのです。使命感をもたない状態で役割をする。これが重要なんです。

私たちの文化というのは、使命感がすごく重要な状態になっています。この文化の中で、大事な役割をしようとするときに、使命感というのが支えになっているんですね。ですが気をつけないと、使命感は、プライドにもつながってしまいます。自我の振動波として増えていってしまう危険があるのです。

FUEがいつも「肩に力を入れないで、淡々と」とお伝えするのはそこなのです。使命感をもてばもつほど、自我の振動波が入ります。そうすると、本当はそうでもないのに、捻じ曲げてでもそれをやってしまうとか、無理をしてでもやってしまうとかになってしまいます。

「時空の仕組み」は、最善は尽くしますが、無理はしません。今できる最善は全力投球でやるけど、無理をするのではないのです。ここが難しいところです。無理をしないと言うと、だらけちゃっていいのかな、となって、顕在意識ではどうしても判断が難しいのです。ですから直観でするしかないのですね。

FUGEHEKIN《フゲーエキン》さんというのは、使命感をまったくもっていません。殺されようが破壊されようが、嫌われようが、虐待されようが、「ただただ淡々と、自然の仕組みに適って調和のとれた方向に役割をし続ける」。これがすごいのですね。

私たちの文化というのは、微生物さんを憎んで虐待したり、殺菌、消毒というような言い方で殺したり破壊したりします。ですから、FUGEHEKIN《フゲーエキン》さんには本当に申し訳ない。涙が出るほど、心からお詫びです。

FUE のスタッフは交流しながら、お詫びしながら、協力いただいて、そして難病の方に気づいていただいて、家族に環現できたら、回復していく。手術もなしで、本当によみがえってしまうことも起きます。骨髄移植をしなくてはならない方が、ドナーを待っていたのに必要なくなって、主治医の先生がびっくりするということもあります。

FUE では、家族に環現していくお手伝い、ヒントをお伝えしていくだけです。家族に感謝が99%から1００%に近くなって、99．９９９の状態になると、病気である必要がなくなります。ひと言でいえば、本人はもちろん家族全員が進化した結果、時空元上昇して、病気のメッセージと出会う必要がなくなったわけです。時空はメッセージを送る必要がなくなるのですから、プログラムを変えてくれるのです。EXA PIECO《エクサピーコ》さん、FIK《フィック》さんが、当然、病気になる必要がなくなっていきます。メッセージを、お父さん、お母さん、おじいちゃん、おばあちゃん、兄弟に送らなくてよくなれば、ご本人は回復していくわけですね。

気づいて、家族の方が変わりだすと、信じられないくらい、変わりだします。例えば、学校に全然行けない、長期欠席して死ぬか生きるかの状態に近い、あるお子さんが、今年の夏、水泳教室に通っているのですから、ドクターにしてみれば、信じられません。ありがたいことですね。

私どもは現代科学で検証していただかなくても、「自然の仕組み」に適って調和のとれた研究成果を実践していき、産業に役立てればと思っています。

経済の仕組み

経済の仕組みについても、情報どおりに、勇気をもって決断して実行するという方法をFUMや樹生はとらせていただいています。でも、決して楽ではありません。それはもう、大変きついです。

ですが、いろいろなサポートが起きて、なくならないで何とか持続できています。FUEの場合には、それに徹しきると、どうしようもない状態になってくるようなときに、不思議とありがたいことに、必要な額を寄付してくださる方に出会えてしまうことが、まさかと思うタイミングで起きるのです。本当にその方向に徹していると、時空は見捨てないで、その状態を持続できるようにしてくれるようです。

ですからFUEは、持続しようという意識で仕事をしたことは一度もありません。時空が見放すようであれば、それは私たちに、その方向に向かっての実践が足りないからそうなるのであって、なくなってしまうのは仕方ありません。

ですが、最善を尽くし続けることによって、不思議なご縁をいただいて、なくならないで、役割が何とか少しずつ拡大していくことは、そして時空からどんどん要請がくるようになっていくことは、次の役割をさせていただきますということで、信頼が拡大している実感があるわけですから、ありがたいことですね。

それでも、「自立してください。自分たちでMUNIYI《ムニー》とは何かを研究してください」となって、お金のエネルギー、MUNIYI《ムニー》の研究をすることで、学べると同時に、なんとか自立することができました。

あるとき、電話回線をつないでいないパソコンから、私宛に時空からメールがきたのです。1ドル100円のレートのときに、「一日、1000ドル、収益をあげてください」と英文できました。

全文文字化けで、サブジェクトだけが私宛で、「一日、1000ドル、収益が上がるように決心してください」という表現で、そこだけ英語がちゃんとしているのです。ですから、最初は信じられなくて放ってあったのですけど、事務局長と、「こんなの来ちゃったけど、誰かのいたずらかしら。でもこれ電話回線つないでなくて、何でこういうこと起きちゃうんだろうね」と。

もうこの20年、あり得ない体験だらけです。ですが、そのメールは現実的なショックもありました。「いやぁ、自立しなきゃだめか……」と。確かに研究に専念していたときは、お金を稼ぐ、収益を上げる、という意識をあまりもたない何年間かが続いていました。

お金について意識しない状態で、そういうメールがきたときに、まだ決心しないで、「まさかね〜。どうしよう」という状態のときに、2回目がまたきたのです。文面は違いますが、内容はほとんど同じでした。

2度目のときにも決心していなくて、どうしようと言っていたら、半年から1年くらい経った時期に、ある女性がわざわざ伝えにみえたのです。「足立さんのSEPOUW《セポー》さんが、足立さんが収益をあげる決心をしない。無関心の状態のままでいるので、サポートをしたくても受け取ってもらえない、FUEさんがそういう状態になってます」と……。

これにも仰天しました。「えーっ、何でそうなっているんだろう」と。でもその通り、私は決心していないから、今までが、役割をしても、何がしかの収益をいただくという意識は到底持たないままきてしまったわけです。もちろん、お礼をいただくことはありましたが、それはご寄付として受け止めていましたから。

それで、そういう状態が起きてくるんだという体験と、本気で研究成果を産業に役立てて、その役立った分の収益を何がしかいただこう、成功報酬でいいから、結果が出たらいただくという決心をすることが、並行して起き始めました。

その結果が、セミナーを始めることにつながります。研究成果の一つで、お金をいただいてセミナーをやる。「セミナー」という名称に落ち着くまで、いろいろ宇宙語でやっていました。でも、宇宙語では通じない状態になってしまうということから、最終的に、研修会とかではなくて、「セミナー」がまああの振動波ということになりました。

金額も、最初はできるだけ調和のとれた金額を、一律にいただく形で企画しようと準備しましたが、だめなのです。時空がOKしてくれません。ノーなのですね。調和のとれる状態にならなくて、いくら金額を安くしてもダメなのです。

顕在意識がどこかに入っていたから、一律、できるだけ安いセミナー料にしよう、という意識レベルで情報を得ようとしていたのだと思います。では、どうすればいいのか。費用はどうすればいいのかについて最初からチューニングしようとなりました。

そうしたことが、MUNIYI《ムニー》の研究や何かにみんなつながっているのです。

「鉛筆が1本100円で共通というのは、自然の法則に反してますよ。セミナーに参加できる方も同じです」。なるほどそういうことかということで、「参加料はご自由に決めてください。無料ではありません」としました。それだけだと、どうしていいかわからないと問い合わせがきてしまうので、確か一番最初のときに、目安として、例えば所得が年間50万円の方、ゼロの方、100万円の方、300万円、500万円、1000万円の方、と、収入の状態に応じて、0円から15万円とか、最低これだけの金額というふうに参考例を出したんです。それに関係なく決めて参加している方も大勢いらっしゃいますけど、参考にしてくださる方もいます。

なかには、その高いところの金額を見て、「高いじゃない、このセミナー料」という方もいらっしゃいました。丸一日、朝から晩まで、朝10時から6時とか、10時半から5時半とか6時半くらいですけど、見方によっては「一日でこれは高いよね」という方もあったのですね。そういう方には、「よく見てください。無料でもいいんですよ」と言って。

それでどういうことが起きたかといいますと、全国から参加できるようになりました。往復を飛行機で通ってくださる方は、交通費で何万円もかけているわけですよ。そういう方が何人もいらっしゃるんです。東京近辺の方よりも、地方からの方のほうが多いわけです。そういう方が、所得に関係なく、5千円であろうが3千円であろうが1万円であろうが、本人が決めて参加できる。もちろん、なかには0円の方も何人かありました。足代が往復で5万かかってますとか、3万かかってますとか、人によってはそういう費用をかけてでも、本気になって取り組むという方が参加してくださる。こんなありがたいことはないし、それが意味があるのですというのが、ようやく学べたのです。例えば、0円の方が多いときは、10万円とか15万円の方が何人かいて、赤字にならないでぎりぎりに収まるように。

訳わからないけれど、とにかく絶対疑わないで、その通り実行する。そうしますと、この文化の現実の形の結果として、きちっと出てきますね。まさに実体験です。

33万年のサイクルでも調和のとれた方向に気づいて実践をし続ける

２０１２年以降は、33万年サイクルで回ってきてしまうために、それに対応する必要があります。振動波がマイナーで、時空元がブラックホールのミクロからマクロまでの状態で回ってくることが、２週間に１回くらいの割合で起きてきます（２０１３年からは１週間に２回くらい）。

地球じゅうでいろいろな事件や問題が起きるのは、だいたいそのサイクルと同調しているときです。そういう状態が始まっているのです。そういうなかで、気づいて実践をするということは、時空元がずれて危険だ、恐い、恐れる、避ける、逃げる、そういうことではありません。

サイクルは、「自然の仕組み」で必要だから起きるのです。調和の方向に向かって、私たちは体験する必要があり、学ぶ必要があるのです。ですから、それを通じて何を学ぶかです。今できる最善を尽くすというのは、そのための対策ではなくて、「自然の仕組み」に適って調和のとれた方向に気づいて実践をし、学び続ければ、自動的に時空元上昇し、高い時空元を保って、振動波が調和のとれた振動波を保ち、そうしますと、そのサイクルがいくら回ってきても出会いは起きません。逆に、地球という惑星が、太陽系が、銀河系がそうならないかぎり、出会ってしまうわけです。

これはもう、個人だの、地球だのと、そんな狭い範囲の問題ではないのです。私たちの銀河系レベルが、のみ込まれてしまうスケールのものも、そのサイクルでは回ってきます。半端な準備ではどうにもならないのです。しかも、対策をたてるようなことではありません。

要するに、いつものように、日常的に直観を使って、本来の姿で日常生活を、EXA《エクサ》PIECO《ピーコ》、FIK《フィック》、DICAG《ディカグ》が同調する状態にして実行していくということです。これを繰り返すことで、自動的に地球レベルに伝われば、地球がFANT《ファント》できるのです。逆に、それができないと、地球がFANT《ファント》できない状態も起きるわけです。

地球人が一人もいなくなってしまったら、地球という惑星を、D.K《ドクトル》 GUJOHUS《グジョウス》さんがつくり変えることはできません。できないというのは、地球人および生態系のすべてが体験して学んで、地球という惑星が進化する方向にお手伝いをするのが、地球人の役割だからです。

違う環境を体験するために自転公転している

地球はもちろんのこと、太陽系も銀河系もみんな、そのスケールがどんなに大きくなっても、自転公転をしています。北極星を中心にしている私たちの天文学が言っている全宇宙それ自体も、自転しながら、もっとはるかに大きなスケールの全時空を公転しています。それはこの文化が考えている想像を絶するスケールです。

その状態でいきますと、3万3千年のサイクルと33万年のサイクル、他にもまだいろいろなサイクルがありますが、そのサイクルが意味するものは、大きく質の違う環境空間に出会うということです。

例えば、地球レベルでは、アフリカとかアジアとか、南米とか北米とか、その地域によって、環境問題がいろいろ違いますね。紛争が起きたり、いろいろなトラブルが起きているところもあれば、かなりゆったり豊かな状態というところもあります。今、地球では豊かな状態がなくなってしまったくらい、退化に向かってしまっていますが。

でも、本来はそういういろいろなところがあって、それを時空間全体が振動波で体験するために、自転して公転しているということです。時空はそうなっています、と言うのですね。

私たち地球人は、地球という惑星を選択して、人間として今、生まれてきています。私たち一人一人のEXA PIECO《エクサピーコ》は、その時期にそういう選択をして、体験して学んで、ある役割をするということを承知して、プログラムして生まれてきています。ですが、私たちの顕在意識は何にもわかっていません。

大事なのはそこの部分ですが、「時空の仕組み」では、地球の調和のとれたところが、回転してきた状態のその振動波に出会う場合と、すごい不調和なところが、回転してきた状態の時空間に出会う場合とがあって、それを万遍なくみんなが体験しています。調和も不調和もすべて出会うようにされていて、気づいて、学んで、時空として調和がとれるのだということです。一方に偏らない、これが、「時空の仕組み」の大前提です。

FUEでは、FUGEHEKIN《フゲーエキン》が、10の3400万乗段階までの間のどんなミクロになっても、歪んだ時空間と調和のとれた時空間が一緒に回転してきているという情報を知らされています。

ブラックホールは時空の狭間

メッセージでは、ブラックホールは時空の狭間というふうに入ってきますが、それは現代科学風に言えば、陽子が、完全に破壊されてしまったような状態です。その時空間で自らよみがえるのが、難しい状態まで歪んでしまっているそうです。そして、その空間はL（左）回転もR（右）回転もできない、まさにL時空でもなくR時空でもない、時空の狭間ということです。

そういう時空間には、ものすごいミクロのものもあれば、ものすごいマクロのものもあるようです。われわれの銀河系がそのままのみ込まれてしまうくらいの、マクロなスケールのブラックホールもありますと言います。

3万3千年サイクルの期間

3万3千年のサイクルというのは、地球とか太陽系とか私たちの銀河系が、3万3千年ごとに、そういう時空に出会う位置に存在しているということです。

3万3千年ごとに出会うといっても、じゃあ、どのくらいの期間、出会った状態でいるのか。地球の時間概念でいうと、3万3千年ごとのサイクルで時空が回転してくるところに、私たちの地球が出会うのが、1万3千年位続いていたと言います。

これは、あわてないでゆっくり体験して学ぶ期間があった、という言い方ができます。3万3千年ごとにというのは、あるサイクルでそうやって回転してきて、そこの時空間に出会うわけです。

地球が太陽系を回転しているといっても、まったく同じ位置ではなくて、微妙にずれながら回転しているわけです。良い悪いは別にして、「時空の仕組み」の中で、まったく同じところを同じように、時空が体験することはないと言います。常に変化しています。しかも、動的な安定です。英語で言えば、ダイナミックハーモニー、そういう言葉があるかどうかはわかりませんが、そういう言い方ができると思います。

でもこの文化ですと、安定は、均衡に近い状態、バランスの考えになってしまいます。動かなくなる状態ですね。しかも、ひとつ狂えば安定がなくなって、ひっくり返ってしまう天秤みたいな状態を、この文化では安定と呼んでいて、政治でも経済でも、常にそういう対策をたてているんですね。これは「自然の仕組み」からすると、ほど遠い対応の仕方です。

「時空の仕組み」はハーモニーです。バランスではなくて、ハーモニーなのです。

その3万3千年のサイクルで、1万3千年前後の期間をかけて、ゆっくりと地球が体験して学ぶ、そういう期間がありました。その1万3千年の最終的な時期に、この西暦で言う2000年が終わる直前に、ちょっときついメッセージがあったのですね。ブラックホールが回転してくる時空間に出会う状態がくるので、そのときFANT《ファント》する必要がありますよ、というメッセージです。もしそれまでにそれを実行できないと、桁違いのブラックホールの群が時空間に存在している33万年のサイクルに入ってしまうという、そういう言わば有余期間が10年くらい、2000年から2010年くらいまであるという情報でした。

時空元を移動することがこの文化ではアセンションと言っている

2010年の2月以降は、いいにつけ悪いにつけ、とにかくいろいろな結果が出てしまいます。今まで収まっていたものが、収まらなくなるのです。政治も経済も、個人も会社も、国家も民族も全部、地球という惑星の文化そのものが、その体験をする状態に突入してしまっているようなのです。

そういうことを、時空は全部承知しているわけです。

もちろん、いろいろな段階の存在、意識体があって、時空で各段階ごとにサポートをしてくれています。基本的には、『波動の法則』でお伝えしている、JEFISIFUM《シェフィシファム》という情報の層が、時空を構成しています。

ただ、『波動の法則』では、「時空の仕組み」そのものを、ほんの少しお伝えしているだけです。興味本位になってしまうと、また違う方向へ地球はどんどん歪んでしまいますので。顕在意識で考えますから、推理推測になってしまうのです。

ですから、本当に必要な時期に必要な方に本格的にそれを受け止めていただいて、交流する準備をしてくださいという、その時期がきてしまっています。

２０１０年からは、33万年のサイクルの結果が出始める、もう体験してしまう状態が起きているのです。そのための対応策は、２０００年過ぎてからずっとしているわけですが、今もFUEでは年じゅう知らされてます。そこではテレポーテーションをFANT《ファント》と言わないと不正確すぎるのです。

時空元を移動する状態が自動的に起きることを、この文化では、アセンションという言い方をしていますが、勝手に時空元移動が起きて、それを私たちが体験するということではないようです。

先ほどお話ししたことですが、例えば、『真 地球の歴史』でいうと、この時点で私どもFUMとして入ってきた情報では、時空を構成している意識レベルは、MIYULUA《ミュルア》さんが限界でした。今はそれから10年以上研究活動を続けてますが、MIYULUA《ミュルア》さんは、まだその一段階だったというのを知らされています。

そして、MIYULUA《ミュルア》さんというのは、少なくとも時空そのものを構成している情報層の意識体が、JEFISIFUM《ジェフィシファム》のその何層目のどういう役割をしているところだというのを、知らされています。

時空の自転公転をしているサイクルで、スケールがそれぞれミクロからマクロまでありますね。そして、それぞれの状態で体験して学ぶ状態が起きているときに、常に意識体がJEFISIFUM《ジェフィシファム》の情報の層からヒントを送ってくれます。つまり各段階に応じてサポートは起き続けているのです。

それを受け取れるか受け取れないかは、自らの問題です。惑星自らの問題でもあるし、個人自らの問題でもあります。受け取る側が、顕在意識で考えたり推理推測してしまえば、どんなふうにでも違ってしまうというのは、もうしかたがないことです。

例えば、現代科学をベースにしている私たちの文化では、ブラックホールの存在を現象的にはわかっています。現代科学は現象を追究するわけですから、現象が起きているブラックホールの空間が存在しているというのはわかっています。しかもそれが非常に危険な状態だというのも、科学者は知っています。それに出会えばとにかく消滅してしまうという、そういう現象を科学者はわかっているということです。

ですが、そのスケールがどのくらいのものであるかという確認方法は、現代科学では結局、電波望遠鏡が限界なわけです。そこで体験できなければ、それ以上、あるかないかもわかりません。

「時空の仕組み」の本質と「振動波で交流する」

つまり、私たちの文化というのは、「時空の仕組み」の本質と「振動波で交流する」という人間の仕組みを受け止めていないために、結局、現象を技術で常にカバーするという、自我と欲が満足できる方法でしか行っていないわけです。それはすごく低い振動波の状態で行っているので、素晴らしいサポートのメッセージを送ってくれているのに、情報を受け取れないのですね。

自らその精妙な振動波を発振できる状態になれば、その情報に同調できて、それが入ってくるようになります。

「自然の仕組み」の本来の状態は、過去も現在も未来も、時空の時空元が違うだけで、常に同時に存在しているわけですから、その同時に存在している状態に対して、「自然の仕組みに適った状態で、体験して学んでいく」ということを繰り返せば、必ず「時空の仕組み」は、過去も現在も未来もわかるようになっているのです。

しかも、自分たちが体験して学んでいるEXA《エクサ》 PIECO《ピーコ》さんの進化した状態に応じてきちっと情報が入ってきて、その情報に応じて体験して学んでそれを実行すると、結果が出たとき、その結果が役割になります。

それだけなんですね。役割をするために、目的をもって生まれてきているというのではないのです。ただし、体験して学ぶために、EXA《エクサ》 PIECO《ピーコ》さんはプログラムをしているので、そういう目的はあります。

私たちFUMとしても、あらゆることを正確にわかっているわけではなくて、わかっている範囲というのは、常にその段階でそれ以上推理をしないで、体験して学ぶという、情報通りに実行するだけなのです。

そのなかで言えることは、時空のことはできるだけ正確に、宇宙語を使わないと、不正確になりすぎてしまうということです。結局、それは翻訳しているのと同じですから、英語を日本語にしたり、日本語を英語にしたとしても、まったくイコールは不可能でしょう?

私どもは、どのくらいの精度かによって、宇宙語を日本語にしたり、英語に翻訳しています。EXA《エクサ》 PIECO《ピーコ》という言葉は、それに近い言葉が地球にないので、だから、EXA《エクサ》 PIECO《ピーコ》を使ってくださいというメッセージがきました。

EXA《エクサ》 PIECO《ピーコ》という言葉を使わないと何が起きるかというと、「時空の仕組み」の本質的なEXA《エクサ》 PIECO《ピーコ》の存在に対して、例えば、日本語で「魂」と言ったり、「精神」と言ったり、あるいは、英語でスピリチュアルな表現をしたりした場合、その表現に対して、地球人が受け止めている意識と意志の範囲を、EXA《エクサ》 PIECO《ピーコ》さんからみた精度でいえば、1割ぐらい、1、2、3、4、5、6、7、8、9、10……(チューニング中)、10%前後ぐらいしか意味していないのです。

ですから、本質の一番重要な90%分ぐらいが受け止められていないわけです。そうすると違う受け止め方をして、全然違う方向へ行ってしまいます。地球人の自我と欲で、人間にとって都合のいいほうに全部解釈していってしまうのです。

人間の脳の仕組みを10％ぐらいしか使っていないということは、地球人は正常でないわけです。少なくともこの5、6千年の間にこの文化を築いてきて、現代医学で研究している範囲で、地球人の人間の脳の仕組みが正常でないことについて、そういう解釈をしようとしていないのは、したくないから・・・・・・です。

心臓や肝臓や腎臓が10％しか働いていなかったらおおごとでしょう。それなのに、人間の脳の仕組みの90％が、働いているんだか働いていないんだかわからないというのを、現代医学は承知していながら、そのままにしているのですね。

もちろん放ってあるのではなくて、研究はしているのです。ここを刺激したらどういう現象が起きるかという実験をして、その現象を追っているわけです。それではどうやっても、「時空の仕組み」の本質に届くにはあまりにも遠いです。

現代科学は、現象を求めます。現象が起きたら、そこから研究します。そして現象そのものも追いかけていくのです。ですからデータをとります。そしてデータをとって、推理推測します。

現代科学の科学者は、未来はわからないということになっています。

これはもうすべてに共通してしまいますが、私たちの文化では、科学者の方が「自然の仕組み」の素晴らしい一断面を発見することは、確かにいくつもあります。「時空の仕組み」の本質の一断面に「気づく」という形で発見するわけです。これは真実の部分です。ですが、私たちの文化では、科学者が技術者と一緒に、人間の都合のいい方向に実用応用化することに専念してしまいます。もちろんその結果、私たち地球人は、その科学や技術の恩恵にあずかっていて、感謝している部分も現実にあり、現代科学を決して否定しているわけではありませんが。

その真正面からそれに取り組み続けることをし続ければ、どんな発見からでも、「時空の仕組み」の本質に、どんどん触れていくことが本当はできます。真正面から本質を追窮するということをすれば、必ずできるのです。「FUE」はそれを実践しているだけなのです。

直観で入ってきた情報を、素直に謙虚に、それに対して真正面から取り組むということです。損か得か、痛いか痛くないか、そういう人間にとっての都合でやるのではありません。

知ってしまったということは、体験して学ぶ必要があるから知ったのです。自分が発振しない振動波と、出会うことはないのですから、知ってしまったということは、自我や欲ではなくて、謙虚に、「自然の仕組み」の本質の部分に触れたのです。

体験して学ぶというのは、「何のために生まれて、何のために生きているか」が常にベースになっています。どんな仕事をしていても、「自分が何のために生まれて、何のために生きているのか」がベースです。

何かを自分が知ってしまうということは、発振した振動波が自分から出ているから、その振動波と同調して現象を体験するのです。つまり、自分が発振しないかぎりは出会わないのです。生きている一番重要な部分がそこなのです。

生きているかぎり、情報、メッセージを受け続けるのは、自分が発振しているからです。この文化ですと、顕在意識が気づけなければ、発振をしていないと思ってしまいます。

顕在意識というのは、3つある意識と意志のうちの一つです。しかも、現在の情報しか入らない役割をする意識と意志です。そして、EXA《エクサ》 PIECO《ピーコ》さんというのは、本質であり、その意識と意志がプログラムして、顕在意識とFIX《フィック》を生みだしたわけです。

人間は低時空元に退化している

「時空の本質」というのは、JEFISIFUM《ジェフィシファム》の情報の層と言われる「意識体の時空間」ですね。その意識体が、「自然の仕組み」とは何かというのを実際に体験して学ぶために、一時空元低いほうに生まれて、実体化して、具体的な体験をするということを、「自然の仕組み」の中で実行しています。

私どもは、本来は4時空元の意識体だったEXA PIECO《エクサ ピーコ》さんが、3時空元で実体化しました。今、現状はそうなっていないのです。地球はもっとずっと時空元が下がってしまっています。それにも、私たちの文化は気づいていません。体験している状態の時空元というのが、ずっと同じだと思っています。でも、退化すれば、時空元はどんどん下がっていきます。私たちはこれに気づいていません。

わずか50年とか１００年とか何百年かの間で、地球という惑星の時空元はどんどん下がってきているのですね。低時空元に、どんどん退化しています。進化していないのです。自我と欲を満足する技術は進歩していますが、進化はしていません。人間としては、退化しています。

例えば、人間の脳の仕組みは、10年前、20年前よりも、もっと使えなくなってきています。今、脳の仕組みは10％働いていないです。ですがそれに気づいていません。

私たちの文化は、自我と欲を満足する方向に、脳の仕組みの一部を使い続けて、技術の進歩をしています。その技術の進歩というのは何かというと、本来、人間が持ち合わせていて、情報が入ってくるようになっている仕組みを、自分たちが使わないで、技術を開発して機械にやらせるという方法をとっています。

だから、持っている能力を失っていきます。そういう文化を、延々と築いてきています。自我と欲を拡大するというのは、そういうことらしいです。「自然の仕組み」に反した方向に回転をするという方向です。

ですから、先ほどのブラックホールという亀裂の空間というのは、12時空元の中のL（左）回転をしている時空で、私たちが自我と欲を拡大して、その「時空の仕組み」の調和のとれた回転の仕方をしないということです。左回転をL回転と表現すれば、逆のR回転をする意識で何かをするというのが、顕在意識の地球人の習慣になっています。

私たちは、EXA《エクサ》 PIECO《ピーコ》さんが「自然の仕組み」に適って調和のとれた方向にプログラムして、そして、その体験をするというテーマを、人間として生まれてくるときにもっています。「時空の仕組み」の本質の一部を、今度はこういうテーマで体験して学びましょうというそのテーマは、EXA《エクサ》 PIECO《ピーコ》さん自体がプログラムしています。

いろいろな霊と言われているものもEXA PIECO《エクサピーコ》

守護霊とか背後霊とかいう言葉や、それから、精霊とか天使とか、いろいろな言い方をされていますが、「FUE」がふだんEXA PIECO《エクサピーコ》さんと言っているのは、それらも含めた総称ですね。

EXA PIECO《エクサピーコ》がプログラムして人間に生まれてくるときに、例えば、「愛とは何か」「真実の愛とは何か」というテーマにするのもあるでしょうし、「経済やお金」についてテーマにするのもあるでしょう。

ポールシフトが起きて地球はFANT《ファント》する

FANT《ファント》すると、時空にものすごい大きな変化が起きます。

それは、ミクロからマクロまで起きる現象で、共通の仕組みです。

地球という惑星でFANT《ファント》するというのは、簡単に言ってしまえば、北極と南極が入れ替わる、ポールが180度回転するということです。180度回転する状態が起きるということは、大陸と海の比率が変わります。それから、回転の仕方が変わるんです。180度、ひっくり返ります。そうすると、逆回転の体験になるわけです。

ウォークイン

EXA PIECO《エクサピーコ》さんと交流させていただいていてわかったことですが、建物のオーナーさんが進化し続けると、建物のEXA PIECO《エクサピーコ》もどんどん進化する状態が起きます。ところが、何かの都合でオーナーさんが変わって、もし新しいオーナーさんがマイナーな方だったら、建物のEXA PIECO《エクサピーコ》さんは耐えられなくなって入れ替わることが起きます。

建物だけじゃなくて、人間もEXA PIECO《エクサピーコ》が入れ替わるのはご存じですね。ただし、真のウォークインというのはEVHA《エヴァ》の文化で行われている内容で、EGHO《エゴ》の文化の地球では、その変形したサポートの「自然の仕組み」が何種類かありますが、本来の役割の真逆の「憑依《ひょうい》」といった危険な現象もありますので、注意が必要です。ここで私どもが体験したウォークインの中の一つの例をお伝えします。

当時、現役の大学教授で科学者の方が、『波動の法則』に共鳴され、調和の実践を決心して、実行されていた際に、ある意識体から要請され、「あなたのボディをお借りして役割をさせてください」と感じられ、受け入れたそうです。そうしましたら、あるとき、これから「こういう役割をさせてください」と知らされ、その内容が、その先生としてはどうしても受け入れがたいと辞退されました。が、「ぜひ実行してください」と再三、繰り返し要請があり、とても断りきれず、ご本人が相当苦しんでおり、そのご家族の方から「大変困っています。どうしたらよいでしょうか」という相談をいただいたことがあります。

そこで私は、ウォークインをしている調和のとれたEXA《エクサ》 PIECO《ピーコ》さんと直接振動波で交流し、事情を繰り返しお伝えし、「私たち地球人はEGHO《エゴ》の文化のレベルで生きているため、気づきが起きて相当調和がとれてきた方でも、誰もがまだまだ自我が残っており、すべてを受け入れることは不可能なことなのです」と、何ヶ月もかけて了解してもらい、お引き取りいただきました。

この場合は、正常なウォークインの一種で、調和のとれた科学者のEXA《エクサ》 PIECO《ピーコ》さんが、親しい、より調和のとれたEXA《エクサ》 PIECO《ピーコ》さんの要請を受け入れたわけですから、本来の進化の方向に、科学者としても、人間としても、同時にいろいろな要請があって、EVHA《エヴァ》

の文化の惑星であれば、すべてを受け入れて同調した行動をとるはずのところが、私たち地球人は、ほとんどすべての人が、自我と欲で日常生活を習慣にしていますので、この科学者の先生も、ご自分のEXA《エクサ》 PIECO《ピーコ》さんは承知していても、顕在意識の自我が満足できないと拒絶した結果のトラブルでした。この体験を通して、ご家族の方とともにあらためて、家族とは何かを含め、私どもも多くの学びをさせていただきました。

地球の周りの情報層が乱れている

本来は、EXA《エクサ》 PIECO《ピーコ》さんが気づいて成長して進化したら、『波動の法則』でお伝えしているように、上空へ上がっていって、地球の引力の状態の影響を受けない状態になってFANT《ファント》をし、他の星にスタディに行くというのが普通です。調和のとれた惑星で、気づいて進化すれば、みんなそうなっていくわけですね。

それが地球では、自我と欲が拡大して、どんどんマイナーになって、生まれたときよりも今のほうがひどい状態になっています。何が起きているかといいますと、地上の面を這《は》っているような状態です。『波動の法則』でお伝えしている80㎞のあたりなんて、今は全然ないんですよ。それからGINO《ギノー》の情報の層も、ものすごい乱されています。

人口衛星が100㎞から1000㎞くらいの範囲にあって、今の宇宙ステーションは400㎞をベースにして回転しています。そうしますと、GINO《ギノー》の層もめちゃくちゃになるわけです。本来は宇宙との調和度が10の○《まる》（○《まる》とは、10の78乗Hzを指し、第一段階のステップで一つの目安の単位になる）の4.4億回の振動波の層なのですが、実際にはプラスマイナスゼロになっています。宇宙ゴミと言っているのは、地球人のEGHO《エゴ》の塊を撒いているわけです。

時空から情報を得ている方々

現在の地球では世界じゅうに、直感で情報を得て、それを世の中に伝えて社会に還元して役立てることを職業にされている方が大分いらっしゃいますが、その情報元はほとんどの方がGINO《ギノー》からです。約98％くらいのようですが、情報の層自体が乱れているので、正確な情報というのは難しいです。これが現実です。

これをわかっていただく方法はありません。顕在意識ではどうにもならないです。自ら気づく以外は不可能なのです。

ほとんどの方々が、ご自分で本気で取り組んでいく方向に向かえないで、やっている〝つもり〟になってしまうことが起きています。GINO《ギノー》の情報の層が正常ではないのですから、そこに同調して情報を得ると、結局、自我と欲を満足する方向に向かってしまいます。問題はそこです。

つまり、地球という惑星が、どんどんマイナーになる状態のサポートを受けてしまいます。マイナーなEXA PIECO《エクサピーコ》さんが協力してサポートしている惑星に向かってしまっているのですから、どうやってもマイナーを増幅する方向に向かってしまうのです。本人は、素晴らしいことをやっているつもりになってしまって、気づけないのです。一生懸命に、本気でやっているのは間違いないのですが、前からの続きでやっているという〝つもり〟も変わらないのです。

意識変換の必要

自らが意識の変換をしないかぎり難しいです。意識の変換が起きないかぎり、続きをずっと一生懸命やっていることになります。翻訳をされる場合でもそうです。間違いなく真面目に一生懸命やっていらして、本当に良いこと、役割をしている〝つもり〟になっている方が多いです。でも、マイナス1、2くらいの振動波を地球じゅうに広めていくという役割をしてしまっています。

これはもう良い悪いではないですし、お伝えしてわかっていただけることではありません。自ら気づいていただくしかないのです。理解することではないのですから。

自らが精妙な振動波を発振して交流をする

今井 その見極めというのは、どういうことをするのでしょう？ 清涼飲料水を使って味の変化で判断するのでしょうか？

足立 それも一つの方法です。でも、実際には直観を使っていただく状態をどんどん進めていけば、清涼飲料水の味でなくてもわかるようになります。実際、そういうことがセミナーに参加している方々に起きていますから。

要するに、日常生活でどれだけ直観を使うかなのです。その積み重ねと同時に、もうひとつは、正確に情報を得るためには、時空ときちっと一人一人が自ら交流をする。しかも、自らが精妙な振動波を発振して交流をするということです。

ものすごい重要な時期にきているというのは、そこなのです。

気をつけないといけないのは、興味本位で情報を得始めたら、そこから違ってしまうということです。さらに気をつけなければいけないのは、小さいときからいろいろな情報が入る体験をされている方ほど、気をつけないといけません。

これも非常にわかりやすく、みなさん、共通のパターンとなってしまっています。

特別意識をもったら自我の振動波が増える

それは、小さいときからそうだと、やはり自分が特別だという意識をもってしまうのですね。特別だという意識をもったら、そこから確実に自我の振動波がどんどん増えていきます。特別意識という優越感をもったら、役割とはほど遠い方向に行ってしまいます。

ですから、その状態が小さいときからある場合には、慎重に対応していかないといけません。順調にお子さんが成長していく過程で、見えない存在の方たちと、生き生きとおおらかに交流をしているお子さんのやりとりを、お父さんやお母さんも受け止めてあげながらです。お父さんやお母さんが理解するのではダメです。自分たちがちゃんと直観を使って、その状態や情報、状況も受け止められるように自分たちもなっていく。家族全員がそうなっていくことが大切なのです。

常に家族

常に家族なのです。一人だけが体験して学んでいくというのは絶対だめです。連動して体験して学んでいかないかぎり、違った方向に行ってしまいます。いつも言っていますように、そのために家族をつくっているわけですし、体験して学ぶというのは、それぞれいろいろな役割をするということです。お父さんもお母さんも、お子さんも、長女も長男も、次女も三女もと、みんな役割が違うのです。

特別意識をもつのとは逆に、萎縮してしまう方もいます。自分の体験していることが、他の人は「何で見えないのだろう、自分は見えてしまっているのに、どうしてこれがわからないの？　自分がおかしいんじゃないか」そんなふうに思うと、今度は萎縮してしまいます。いろいろありますね。

「自然の仕組み」では、誰も選ばれていない

ですが、情報を伝える役割をなさっている方や、世の中でジャーナリズムに載ってしまうような方というのは、よほど気をつけないと錯覚を起こしてしまいます。優越感をもってしまうのです。自分は特別で、選ばれているような意識をもってしまいますが、ですが「自然の仕組み」で選ばれるという方はいません。

自らがそういう振動波に気づいて発振しているか、気づかないで発振しているか、どちらにしろ、それで同調するだけですから、選ばれているわけでも何でもないのです。

サポートする側は、そういう役割をしてくれそうな方を、たくさん知っています。そして、そういう方々にまず伝わるようにと、GINO《ギノー》に情報を送っています。そういう方々で、自らが発振した振動波がGINO《ギノー》の情報の層と同調すれば、その情報が入ってきているという状態が起きるのです。

自分で勝手に特別意識をもつか、淡々と役割をするか、その違いがあるだけなのです。

そして、その方が特別意識をもつ状態になると、マイナーになってしまいます。

バシャールさん

それから、特定のEXA《エクサ》 PIECO《ピーコ》さんと交流し続けるタイプの方もありますね。バシャールさんというのは、まさにそれです。同じ振動波レベルで発振すれば同調できるので、間違いなく役割をしてくれそうだなと観じれば、その方にも情報を送ります。

ブラックホールの大群が来ると

ブラックホールの大群がきて、同調してしまう方は、現在仮に8段階の人は、何もしてなくても6、5、4、3……（チューニング）と下がってしまうのです。その影響を受けて、戻れない方もいます。

今、地球上でいろいろな問題、トラブルが起きているでしょう。あれは、そういうのを発振している振動波が、「では現実に実現して体験しましょう」ということなのです。まさかということを平気でやってしまう状態も、全部、サポートが起きています。自らが発振して、その振動波が3、2、1、0、-1……となってしまっている状態に気づけないと、受け取ってしまいます。個人も、グループも、地域もその振動波を発振しています。このようなことはどんどんこれから増える一方です。

それは、2000年を数年経った頃から、このままですと「その時期がきます」というのを知らされていて、今まさにきてしまっているわけです。科学も政治も経済も気候も全部そうです。自らそういう振動波を発振している存在が、その体験をする。この「自然の仕組み」通りです。自らなるようになる、「自然の仕組み」の厳しい学びです。

「時空元」「振動波」「本質的な意識と意志」の3つの要素が「時空の仕組み」

気づいて意識の変換をするというのが非常に重要です。『波動の法則』では、私ども「FUE」も最初は気づかなかったので振動波を中心にお伝えしていましたが、最近のセミナーでは、「時空元がいかに重要か」もお伝えしています。「時空の仕組み」で重要なのは、「時空元」と「振動波」と、あとは「本質的な意識と意志」のその3つが「時空の仕組み」の本質的要素で、それらがすべて回転運動をし、変化し続けているということです。

「死ぬこと」の研究

そして、「死ぬこと」と「生きること」の研究をこの7年くらいさせていただいて、FANT《ファント》後、亡くなった方にどう対応するのが「自然の仕組み」に適っているかというのも学ばせていただいています。燃やしてしまうのも違うし、土に埋めるのも違うというのです。それは「自然の仕組み」ではないのです。やむを得ませんのレベルなのですね。

ですから、「自然の仕組み」に適って調和のとれた状態でこういう方法でというのを延々と私どもは学ばされているのです。

今井　答えは出ているのですか？

足立　ええ。かなり具体的な状態まで知らされています。今は、FANT《ファント》したあとは、振動波で交振して、取り組めば何とかなるという状態です。

「自然の仕組み」では、ボディを置いていったらどうなるのか、EXA《エクサ》 PIECO《ピーコ》さんはどうするのかというのがあります。本来、宗教の役割の一つはそこにあります。ですが、現在地球人でEXA《エクサ》 PIECO《ピーコ》さんとある程度正確に交流のできる方は、世界じゅうでも20人弱でしょうという情報です。EXA《エクサ》 PIECO《ピーコ》さんと交流ができて、亡くなった方にどう対応してあげる必要があるか、それをするのは本来、宗教家の方々の役割です。このEXA《エクサ》 PIECO《ピーコ》さんだったらこういう対応をしてあげましょうと、個々に振動波で交流して、その進化した状態に応じた対応をするということです。

死に方についても、研究させていただいています。大まかに言いますと、死に方も4つあるということです。EXA《エクサ》 PIECO《ピーコ》さんがどういう状況になっているかによって変わってきます。最近（2000年以後）の地球人は残念ながら、ブッダが時空から情報を得て伝えられた輪廻転生レベルも難しいようです。今は、生まれ変わってはいますが、本来の輪廻転生はしていないようです。というより、できなくなってしまったのです。

死ぬということと生まれるということは、本質的に、「時空の仕組み」と同じなのです。前にお伝えしたかもしれませんが、なくなるということはないです。時空に、ゼロというのはないのです。JEFISIFUM《ジェフィシファム》の情報の層は、存在し続けています。そして、そのどこに所属するかの違いが出るだけなのです。

生まれるのも死ぬのも時空元移動

生まれるというのは、時空元移動、FANT《ファント》です。EXA PIECO《エクサ ピーコ》から見れば低時空元にFANT《ファント》しただけです。死ぬというのも、高時空元移動、FANT《ファント》するだけです。

ですから、ボディを置いていくというのも、なくなることは何にもないんですね。基本的には、EXA PIECO《エクサ ピーコ》が離れるだけです。プログラムしたEXA PIECO《エクサ ピーコ》さんが、そのボディを通じて体験させていただいて、「生まれたときよりも何段階か進化しました、ありがとう」と言って、感謝を込めて離れるのが、本来の最低限の「時空の仕組み」に適っている死に方の中の一つです。これが、真の輪廻転生です。

EGHO《エゴ》の文化でも、EVHA《エヴァ》に向かう方向に気づいて実践すれば、生まれたときよりも、ボディを置いていくときのほうが、EXA PIECO《エクサ ピーコ》さんが何段階か成長することができます。

ボディは、「時空の仕組み」に基づいて、最終的になくなるのではなくて、光と空気と土と水に変換されるだけなのです。FUGEHEKIN《フゲーエキン》が全部その役割をしてくれます。

その FUGEHEKIN《フゲーエキン》さんと振動波で交流をしていく「時空の仕組み」の中で、EXA《エクサ》 PIECO《ピーコ》さんは、人間がどういうふうに亡くなって、進化した状態に応じて、EXA《エクサ》 PIECO《ピーコ》さんをどういう段階のどういう時空の中で変換していき、次のスタディを始める状況に向かうのか、というのがあります。それは段階によって違います。それらの状況を正確に振動波で交流をして把握し、各 EXA《エクサ》 PIECO《ピーコ》さんが戸惑うことのないように、本来の方向へ導くお手伝いをするのは、いわゆる聖職者のお役割の一つです。

現実と本質と、調和のとれた状態で、時空にきちっと変換されていくはずのものを、現在の地球という惑星では、一つ一つ「自然の仕組み」に反した状態の現実を学ばされて、見せられて、そして、体験させられます。これはそうなっていないな、どうされるのかな、ということです。

本来、病気のメッセージを受け取る必要がなくなる人が増えていき、進化がどんどん起きれば、進化して成長していく EXA《エクサ》 PIECO《ピーコ》さんが、よその星へどんどん向かいます。その結果、地球で生まれ変わる必要がなくなります。それが起きていないので、地球の人口が増え続けます。

もう一つ言えるのは、ボディが病気のメッセージを受け取って病気になる必要がなければ、非常に長生きするということです。調和のとれたEVHA《エヴァ》の惑星レベルですと、2000歳、3000歳、なかには4000歳という方もいます。その間に、一つのボディでEXA PIECO《エクサピーコ》さんが入れ替わることも起きますから、人口が増える必要もないのです。

そして、この文化の表現で、ウォークイン（内容はいろいろ違いがあります）という現象がありますが、人間として体験して学んでいるEXA PIECO《エクサピーコ》さんとDICAG《ディカグ》とFIK《フィック》が、きちっと連動して、一体化して受け止められる状態であれば、つまり、素直に謙虚な状態であれば、本人がそのボディを通じて行っている本来の役割レベルの範囲内で、EXA《エクサ》PIECO《ピーコ》さんがどれだけ入れ替わっても、自分は「いいですよ。どうぞお使いください。お待ちしますよ」と、ウォークインを受け入れられるのです。その人となりは同じですけど、本人のEXA PIECO《エクサピーコ》さんでない方が、その質レベルの「自然の仕組み」に適った役割をされるということが、交替で何ヶ月とか、何年とか、何週間とか入れ替わり立ち代わり起きるようです。ですから、人口が増える必要がありません。調和のとれた惑星というのは、人口が非常に少ない代わりに、1000歳、2000歳、ということになるようです。

憑依

今井　憑依とも違うんですよね。

足立　そうですね。今は憑依だらけです。マイナーなEXA PIECO《エクサピーコ》さんが、地面を這《は》うように地下にも存在していて、写真を撮ると写っていることがありますね。それはすごいマイナーなEXA PIECO《エクサピーコ》さんが多いですが、もちろん、調和がとれているEXA PIECO《エクサピーコ》さんもいます。うんと調和のとれた人や、調和のとれた何かをもしそこで行うと、写真を撮ったときに、不調和なEXA PIECO《エクサピーコ》さんが集まってきて、何とかしてという要請もあるし、それからものすごい調和のとれたEXA PIECO《エクサピーコ》さんが応援にくることもあります。いろいろなケースがあります。必ずしも同じパターンではありません。大事なのは、現象にとらわれないで、本質的な交流をするということです。

地球では33万年のサイクルになってから、ウォークインのサポートが増加しています。これは憑依と関係があるようです。でも、「いやあ、そうなってしまうのか」という残念なウォークインや、ものすごい現象にはならないけれど、「ええ！　そうなってしまうの」

というのを学ばされています。そういうのは何人かいます。ごく最近体験している例なので、あまりにもリアリティがありすぎて言えませんが。

とにかく地球でも、必要があれば、ウォークインは起きるということです。ただし、同じレベルで入れ替わるのではなくて、高い状態の人（EXA《エクサ》 PIECO《ピーコ》）が低い状態の人に入るのです。これは今の地球にとって非常に重要なことのようです。

気づいてしまったら役割をするのが「時空の仕組み」

常に自分が気づいて実践をしている状態、気づきが起きたら、そのEXA《エクサ》 PIECO《ピーコ》さんの段階に応じた顕在意識が決心をして実行をする、これが「自然の仕組み」に一番適って調和のとれた、生き生きとおおらかに生きている状態です。何のために生まれて何のために生きているかと言ったら、気づいた状態をそのまま素直に受け止めて、知ってしまったからには、「本人の意識と意志で、可能なかぎりその役割をしてください」というのが「時空の仕組み」です。知ってしまったのに、気づきが起きず、面倒くさいからやらない、痛いからいやだ、つらいからいやだ、損するからいやだというのがEGO《エゴ》の方向です。

自分の都合で「修正」しない

地球人に一番多いのは、知っておきながら修正してやるというケースです。まるっきり拒否はしないけど、歪めて修正して、自分の都合のいいようにしてやろうとする。これが、やっている〝つもり〟です。〝つもり〟で、歪めていくのです。

素直に100％気づいた部分を受け入れて、めいっぱいそれを実行する、それが本来の生き方ですが、そこまでやるのはちょっと大変だから、これだけは別にしてという意識が働いて、この範囲で一生懸命良いことをやっている〝つもり〟になるという方は多いです。

これが危険なのです。素晴らしいことをやっているつもりになってしまっています。それは私どもの身近な周りでもかなりいらっしゃいます。良いことをやっているつもりになっているけれど、自分にとって都合の悪い部分は除いている。しかし、「自然の仕組み」はそうなっていません。

都合でやるというのは、EGHO《エゴ》です。それが、極端になれば、人間のためにという一言で、何を殺してもいいという私たちの文化になってしまいます。

口蹄疫等で「処分」はEGHO《エゴ》

今日の新聞に、何万頭ですか、今度の口蹄疫で「処分」、「始末した」という記事が出てましたが、これくらいEGHO《エゴ》はないでしょう？

今井　そうですよね……。

足立　動物愛護団体は、そういうことについては何も言わないのでしょうか。大変だと言って処分する。生きている鶏であろうが、生きている豚であろうが、殺してしまうわけでしょう。「処分」という言葉に変わってしまうのですから、これはすごい文化ですよ、私たちの文化は。それが世界じゅうでしょう。狂牛病のときなんか何百万頭でしょう、処分しました。鳥インフルエンザだってそうですよ。何百万羽、処分、始末しましたと、新聞やニュースに出ていましたよね。

結局、自我と欲を拡大して、人間の都合でそういう病気を発生して、世界じゅうに同時多発にメッセージが送られる。今度はそれを、人間の都合で広がらないように処分しようという。でも無理なのですね。どんなに処分したって、自転公転しているのですから。その振動波というのは伝わるようになっているのです。

調和のとれた状態で発振すれば情報は入ってくる

私たちの文化が未熟であるために、どうしても現象に囚われて、現象を追いかけていきますが、それでは常に手遅れなのです。だから退化してしまうのです。手遅れな文化を築いているから、全部後手後手にまわるのです。つまり、未来の時空間から情報が入らない状態を自分たちがつくっているわけでしょう。本当は、お手本がいっぱいあるのです。

GINO《ギノー》の情報の層は、一番身近なわかりやすいお手本です。あなた方の地球という惑星にとって、一番身近な情報を１００㎞から２００㎞くらいのところに送っておきます。そのレベルの最低（10の○）の10万回くらいの振動波で、気づいたら情報を発振すれば、大事な情報をいただけます。これが未来の情報の一番身近な部分ですが、そこの部分を、人工衛星でめちゃめちゃに乱してしまっているのが、現状です。でも、私たちの文化はまったくそれに気づいていないのです。

ですから、直感で情報を伝える方が、本当に謙虚に調和のとれた状態で、自我や欲を拡大しないで役割をされたら、そういう情報は入ってくるはずなのです。GINO《ギノー》の情報で役割をすると決めていたとしましたら、情報は入ってきます。そして、そのような方ももちろんいらっしゃいます。その段階での役割というのは、気づきのメッセージを送る役割、気づいていただくための役割です。

しかし、もし興味本位の自我の振動波で、その先の自分の興味のある情報を得ようとする方向に向かえば、どんどんマイナーになってしまいます。マイナーになって何が起きるかというと、マイナーなEXA《エクサ》 PIECO《ピーコ》さんたちがそこらじゅうに存在していますが、そういう方が応援しに来てしまいます。

これはもう本当に、「自然の仕組み」というのはなるようになってます。ですから、気づいて実践をしている度合いに応じて、その結果が出るというだけなのですね。

意識体がサポートしてくれるという点では同じなのです。自分がマイナーになれば、地球にはマイナーなEXA《エクサ》 PIECO《ピーコ》さんがラッシュアワーでぎゅうぎゅう詰めに詰まっていますから、マイナーなEXA《エクサ》 PIECO《ピーコ》さんがサポートにやってきてくれるというわけです。

昔は、地球の上空の80㎞くらいまで行けましたが、今は、かなり調和がとれて役割をしてくださるEXA PIECO《エクサピーコ》さんになった状態でも、30㎞くらいまで行けるか行けないかです。

今、地球としては、20㎞から30㎞くらいに、ボディを置いていったEXA PIECO《エクサピーコ》さんで相当調和のとれた方が存在していますが、そこをジェット機が飛びまわっています。1万メートル、2万メートル、戦闘機などは必要であれば3万メートル上空を飛んでいます。そうなると、EXA PIECO《エクサピーコ》さんは、落ち着いて休んだり、体験して学んだり、サポートしたりできません。もう本当にかき乱されている感じですね。

良い悪いということではなくて、私たちの知らない間にそういう状態になって、地球全体がどんどん退化しています。33万年のサイクルというのはそういう状態で、MIYULUA《ミュルア》レベルの意識体は、それを承知しています。どの時空のどの地域にどういう状態のブラックホールが回転していっているというのは、全部承知しているわけですから。承知しているというよりも、そういう役割をしていて、自転公転がつつがなくできるような状態、時空が調和のとれる状態を構成して、役割をされ続けています。

本来EXA PIECO《エクサピーコ》さんが、例えば、8段階の方が、7段階、6段階、5段階の方をサポートするのが、一番適切です。EHKO《エーコ》さんを超えて、EXA《エクサ》 PIECO《ピーコ》さんのうんと高い段階の方が、8段階くらいの役割をするとか、4段階くらいの役割をするというのは、ものすごい楽です。楽なだけではなくて、優越感を感じながら、現実的には収益が上がります。残念ながら、気づいて進化が起きても、その段階のEXA《エクサ》 PIECO《ピーコ》として実践しないで、低い段階のその選択をするのが、地球人のほとんどの方のやり方になってしまっています。

　気づいた情報というのは、役割があるから、その情報を知ってしまうのです。そして時空元の高いところと出会う状態になれば、その情報が入ってきます。入ってきたら、本人にとって可能なかぎりその役割をする、これが「自然の仕組み」です。

『波動の法則』だけではないですけど、今まで百何十回か講演をさせていただいて、質問をいただく内容でいつも共通だったのは、そこの部分です。気づいて共鳴してくださって、自分で何か役割をしたいと思う方はたくさんいらっしゃいます。ですが、自分でそれを実行しようとすると、これこれこういう理由があって、実行できないと、みなさん思います。問題はそこなんですね。

　知ってしまった以上は、できないじゃなくて、やるという決心をするかしないかだけなのです。決心すると、サポートを受け取るだけの振動波が出るのです。いろいろな意識体が協力してくれているわけですから。自分が決心しなければ、つまり、顕在意識で考えて、これはつらいからやめておこうとか、これは痛いからやめておこうとか、損するからやめておこうというような意識で選択をしているかぎり、結果的には、自分で修正して行動をとるか、あきらめるか、どちらかをしてしまいます。

今井　どんどんどんどん落ちているということでしたけど、それを上げていく方向に、転換していく必要があるということですよね。

足立　そうですね。アセンションは、自動的に起きるのではなくて、時空がそうなっている状態で、時空から意識体が、「あなた方の惑星や太陽系や銀河系が、その時空と出会う状態のサイクルに入りましたよ。ですから、みなさんが気づいて、今まで以上に実践を実行してください」というメッセージが猛烈にきているのです。「FUE のスタッフや樹生のスタッフにも、それはもう今までと全然違う状態で送られてきています。ブラックホールと、アセンションするためのサポートの振動波と、両方がものすごくきているのです。受け取れるか受け取れないか、どちらに同調するかしないかは、本人がどういう振動波を出しているかだけなのです。

ですから、「このままいくと、地球は非常に危険な状態に向かっていて、低時空元のブラックホールと同調してしまいますよ、でもあきらめないで、今できる最善を尽くして、自らが気づいて実践を持続すると、時空元移動（上昇）が起き、自動的に同調しなくなりますので、心配しないでください」という情報も入ってきます。

0.2時空元以上離れると出会いが起きない

今、実際こうやって存在しているなかで、デジタルな表現として時空元でいうと、0.2時空元以上離れると、出会いが起きない状態になってしまうのを、EXA《エクサ》 PIECO《ピーコ》さんとFIK《フィック》とDICAG《ディカグ》で連携して、接点ができるようになっています。

「自然の仕組み」というのは、わからないところがたくさんあります。時空元というのはものすごい不思議な状態で、気づいて実践をし続けたら、私はお医者さんに20年くらいかからなくなりました。それより前は毎年風邪をひいて、かかりつけのお医者さんがありました。それが知らない間にお医者さんに行かなくなってしまったのです。

健康になろうと思ったことは一度もないのです。「自然の仕組み」に適って調和のとれた方向に決心して、何があってもそれを実践することを、二十何年やっているだけです。そうしましたら、お医者さんに行かなくなってしまった。行く必要がなくなってしまい、病気のメッセージがこなくなった。それだけです。つまり、身体の時空元上昇が起きたため、病気のメッセージが受け取れなくなったのです。

ただ、進化したときに、やはり体調は崩れます。それについての調整の仕方を知らせてくれます。

ですから、全存在の身体というふうに言ったら、肉体というよりも身体といったほうがいいと思うのですが、ボディ以外のCEK《セク》まで入ります。CEK《セク》まで自分の身体という状態で受け止めるほうが、すべて自分の存在として把握できますので、そうしますと、今井社長さんは、現時点では一番低い時空元では何時空元で身体が接しているかというと、0．2時空元です。高い段階は、6．2時空元。0．2時空元から6．2時空元までの範囲で存在しています。EXA《エクサ》 PIECO《ピーコ》さんのほうはもちろん6．2時空元のほうに近い状態で存在して、一体化しています。

どんなに進化したとしても、0．2時空元というのは絶対に必要です。なぜかといいますと、今の地球が生まれたときは、本当は6時空元、5時空元、4時空元、3時空元となっていって、4つの時空元にわたって、D.K《ドクトル》 GUJOHUS《グジョウス》さんがボディを生み出すようにプログラムしていました。ところが全部どんどん下がってきて、今は本当にすごいんですよ。地球全体で一番低い所は、0.02時空元に接していますから。今井社長さんのボディの一番低い状態から一桁下まで地球は存在している時空があるわけです。今、私たちのこの惑星地球文化の時空元の一番高いところで、何時空元に所属しているかというと、1.6時空元。0.02時空元から1.6時空元……(チューニング)までが、地球という惑星の大部分です。99%以上がその範囲なんです。

ですから、地球という惑星と言ったときには、もう3次元、4次元の時空間には所属していません。所属しているのは、ほんの一部です。

これが時空元の状況ですね。それくらい時空元が下がってしまっているということです。

振動波で交流すれば実験しなくてよい

現代科学は次元という考えはありますが、理論物理学を超えて、現実の医学や化学や生物学等も含め、社会生活等に還元されて受け止められていないのが実情です。「自然の仕組み」の中のいろいろな現象について、その状態のときの時空元の違いやずれについて、この文化では、物理学者や科学者の先生方に、それについての判断の基準等の意識がありません。ですから、ものすごくたくさん実験をやります。本当は実験なんかしないでいいのです。振動波でみて、時空元と振動波がどうずれているか、そしてEXA《エクサ》 PIECO《ピーコ》さんと交流して、意識体として「自然の仕組み」に適って同調していただけるかどうかをみれば、実験の必要はまったくないのですね。

FUEでは、NINNA《ニンナ》水を作らせていただくときにはそうやって作らせていただいています。FUGEHEKIN《フゲーエキン》さんと交流すれば、全部そういうことは伝えてもらえます。実験の必要はありません。実行のみなのです。

実験をたくさんやって偶然見つけるということは、あらゆるものを犠牲にするわけです。実験というのは、人間が痛い思いをしたくないといって、人間以外のあらゆる動物や植物や鉱物、微生物等に身代わりをさせています。実験とは、まさに私たち惑星地球のEGHO《エゴ》の文化の象徴といえます。

０．２時空元から０．０２時空元まで地球人が存在しているのですが、そうすると、今井社長さんは、0．2時空元にかすかすで接していて、地球人という人間として役割をするという接点があるわけです。ですから出会えるわけです。

FANT《ファント》するときに何が起きるかというと、そこが境目になります。情報では、時空元が、0．2時空元の部分があって、それより高時空元側も存在しているとして、サポートのサイクルで送られてきた振動波に瞬間に同調できれば、自動的に時空元移動が起きてしまうようです。ですから、なるようになるというのは、日常的に普通に気づいたことを実践し続けていれば、確実に結果は出るのです。特別に何かをしないといという必要はありません。

いつFANT《ファント》が起きるか起きないかを気にする必要もないし、そのための準備をする必要もないのです。ですが、その役割をするとプログラムをしてきた方は、その役割をするためにはどうするかというのを事前に知らされます。

33万年のサイクルの期間は約100年

もうひとつ、33万年のサイクルというのは、期間的に100年続きません。その代わり、九十何年、短い間隔で、ものすごい大群が繰り返し押し寄せてきてしまいます。ですから進化し続けないといけないのです。今までの3万3千年のような、のんびり、おっとり、ゆったりでは、通用しなくなります。

セミナーで私どもがお伝えしているのも、5年前、7年前とは違います。「もっと本気で取り組んで」と言っています。家族への感謝が、今までは50％、60％で、「ずいぶん感謝度の割合が増えたよね～」で済んでいましたけど、今は99．999を相当強く自覚して、その方向で実践をしていかないと、戻されてしまいます。下げられてしまうのです。

理解をすることではないのです。気づくしかないのです。ですから、気づいている方で、現実に実践をする決心をされている方にしかお伝えできないのです。

どこまでお伝えすればいいのかも、考えてできることではありません。直観でやりとりするしかないです。本来の役割に向かって決心していると、自分のEXA《エクサ》 PIECO《ピーコ》さんやSEPOUW《セポー》さんが、直観でここまでかなという目安を教えてくれます。

大事なことは、みんな一つ一つ繋がっているのですね。

0．5％の法則

「自然の仕組み」の中に「0．5%の法則」があります。「時空の仕組み」の中で「0．5%の法則」というのは、ある時空間を意識したら、その時空間の振動波が0．5%共有されると、時空間全体がその振動波に変わるというものです。マイナーであろうが調和がとれる方向であろうが、意識してその時空間の単位、形態、範囲、地球でいうなら、地面の土地の形態とか、形とか、範囲とか、ビルならビルとか、所有しているとか、借りているとか、いろいろ意識しますよね。その範囲の0．5%分がある振動波に変換したら、その状態に時空を超えて全部が変わるという法則があります。

「自然の仕組み」にそれがあるから、いろいろな病気や現象に対しても、いくら防ごうにも、防げないこともあります。逆に全部そうしなくても、0．5%分改善する決心をして、全員がその意識になったら、どんどその範囲が変わります。「自然の仕組み」というのは、そういう仕組みのようなのです。現代文化が考えているような状態とは違う時空間の時空元と振動波があるのですね。

パワースポット

今井　話は変わりますが、今流行《はや》っているパワースポットというのはどうなんでしょう。

足立　パワースポットというのは、高時空元と低時空元と交流するスペースです。調和のとれる方向で役割をするときに、高時空元と交流するとか、低時空元のサポートをするとか、そういう状態に対してパワースポットを通じてやることがあります。受振発振をするためには、それを知ってやるかやらないかで、全然有効の度合いが違います。

その環境に応じたパワースポットはどこにでもあって、この部屋なら部屋のどこというのが必ずあります。

FUEでは軸調整をしていますが、時空の調整をするときには、そういうこともやっています。

ここで注意しないと危険なのは、今、パワースポットと言っているところは、ほとんどマイナーになってしまっていることです。マイナーの時空元から、マイナーの応援が来ています。この文化ではそうなってしまっている場所が多いです。

みなさん、大騒ぎしてパワースポットと言っていますが、ものすごいマイナーなところが普通です。本当に調和がとれているところはほとんど残っていません。興味本位で、みなさんがいろいろなお願いを、何百年、何千年としすぎました。自我と欲をそこへ思いっきり発振して帰ってくるわけでしょう。お参りに行ってお願いしてくるという場所は、基本的に全部、自我と欲の塊のマイナーなEXA《エクサ》 PIECO《ピーコ》さんが集まる集合場所になっています。

もちろん本来は逆でした。ものすごい調和のとれた高時空元と交流できるように、地球という惑星で体験して学んでお世話になったというEXA《エクサ》 PIECO《ピーコ》さんが、恩返しに、その地域の拠点に調和のとれた振動波を送っていた場所が、神社とか、仏閣とかになっています。この文化がいろいろな形でお参りに行くような場所は、そういう調和のとれた高時空元と交流するスポットになっていたのです。

ですから、本当に交流すれば、ものすごいご利益があったのです。ものすごい調和のとれた振動波のFUGEHEKIN《フゲーエキン》さんを送ってくれて、病気が治ったりするのは当たり前でした。本来は、地球で体験して学んだ素晴らしいEXA《エクサ》 PIECO《ピーコ》さんが、よその星へ行ってもサポートしてくれているのが、神社、仏閣などの元になっています。

問題は、自分がマイナーであれば、マイナーな振動波をもろに同調して受けるということです。

以前に、FUEのFALF《ファルフ》をいじって改良していって、びりびりするすごい振動波が出てきて、これを見てくださいと持ってこられた、ある会社の技術研究室の研究員の方がいらっしゃいました。そういう方向に関心をもっている方です。見てびっくりしたんですよ。これは危険ですよと言いました。

ある意味では、原子力発電から出てくる、歪んだ中性子や陽子を出すのと同じような働きをするFALF《ファルフ》に変えてしまうような振動波でした。

FALF《ファルフ》というのは「自然の仕組み」そのものですから、調和のとれる振動波を生み出しているものに人間が手を加えるのは、絶対やってはいけないことです。

FALF《ファルフ》というのは、基本的に「自然の仕組み」の振動波の役割をするものを生み出しています。この文化の単なる演出的なデザインと勘違いしますと、非常に危険です。地球で生まれてくれないから、お手伝いするわけですから。みなさん良かれと思ってやっていますが、気をつけませんと、びりびり感じるとか、何かすごいパワーがあって現象があると、マイナーかプラスかがわからなければ、とんでもないことをやってしまうわけです。

先祖供養について

今井　わかりました。ありがとうございました。
あと、よく霊能者の人は先祖供養をするといいというふうにいいますが。

足立　それは間違いなく、家族への感謝というのは、何代も前にまで戻って感謝をすることが重要な場合もあります。
家族のEXA PIECO《エクサピーコ》というのは、SEPOUW《セポー》さんみたいな役割の存在とか、その家族の一人一人の進化や退化の状況に応じて、いろいろなサポートがあります。
家族のEXA PIECO《エクサピーコ》さんというのは、テーマがだいたい共通しています。要するに、人間として生まれて、今度はこういうテーマを共通に体験して「自然の仕組み」の一部を学びましょうということです。この文化でいう遺伝するということに関係していますね。
この文化は現象が中心ですから、遺伝するという言葉になってしまいますが、ものすごい高い役割段階のEXA PIECO《エクサピーコ》さんが家族の一員になるというのはめったにありません。

まれに、その家族がよほどの役割があったときにはありますが、普通はまずありません。

普通は、同じ資質レベルのEXA《エクサ》 PIECO《ピーコ》さんには大きな違いがなくて、テーマはだいたい、例えば愛の問題なら愛の問題、お金のエネルギーの問題ならお金のエネルギーの問題、MUNIYI《ムニーイ》の問題として、MUNIYI《ムニーイ》とは何かを通じて体験して学びます。ですから、大変なお金持ちに生まれたり、非常に貧乏人に生まれたりして、出会いが起きて体験して学ぶというのは、そういうテーマを共通にもっていて、同じくらいのEXA《エクサ》 PIECO《ピーコ》さん同士が、あまり出会ってない状態で家族になります。

親子のEXA《エクサ》 PIECO《ピーコ》はそんなに親しくない

一代目同士ではあまり出会ってなくて、ですが、1代おいて、三代目と一代目のEXA《エクサ》 PIECO《ピーコ》同士がわりと親しいというのが普通です。ですから、おじいさん、おばあさんが、お孫さんにメッセージを送るという状態は、たくさんあります。そのメッセージが病気の場合など、いろいろありますね。

普通は、親子のEXA《エクサ》 PIECO《ピーコ》さん同士はそんなに親しくないのですが、1代おいて、三代目と一代目、あるいは一代目と四代目というふうに、もっと離れた状態だと親しいというのはあります。10回、12回と出会っているとか。普通は2、3回の出会いですが。テーマが共通であるということは、似たような体験をだいたいしています。それがクリアできた代から変わりますというのは、家族のテーマが変わるわけです。

よくあるのは、代々病弱の家族があるとか、それから愛情問題だと、おじいさんおばあさんが離婚していて、自分の両親も離婚して、自分もまた離婚の状態になって、というご相談を受けることは、今までかなりありましたね。

それは偶然ではありません。共通したテーマで、愛情問題についての体験をして学ぼうというEXA《エクサ》 PIECO《ピーコ》さん同士が、ではあなたの家族として生まれて、体験して学びましょうという状態なのです。

同僚や仲間のほうがEXA《エクサ》 PIECO《ピーコ》は親しい

その意味では、同じEXA《エクサ》 PIECO《ピーコ》さんでも、家族のEXA《エクサ》 PIECO《ピーコ》さんというのは、SEPOUW《セポー》さんとは質的にだいぶ違います。SEPOUW《セポー》さんというのは、自分の家族の

EXA PIECO《エクサピーコ》さんのように、テーマを同じにしているのではありません。交流のあったすごく親しいEXA PIECO《エクサピーコ》さんで、家族のEXA PIECO《エクサピーコ》さんよりたくさん詳しく知っている状態です。例えば、同僚や仲間や上司や部下のEXA PIECO《エクサピーコ》さんの中に、何十回も出会っている人、何百回も出会っている人がいて、そういう人は、重要なときにヒントや相談に乗ってくれます。

家族は、ツーカーではないほうが体験して学べるということで、あまり出会ってきていないEXA PIECO《エクサピーコ》さん同士です。ですがテーマは共通ですから、似ている状態がたくさん起きるのは、輪廻転生して、体験して学ぶことを何回も何回もしてきているか、輪廻転生ではなくても、同じ過ちを繰り返してどんどんマイナーになってしまうという状態を繰り返している家族同士というのも起きてしまうようです。

先祖との繋がり

先祖供養するというのは、自分自身が体験して学んでというときに、お父さんお母さんの範囲が繋がっているのはもちろんわかりますが、そのおじいさんおばあさんの代から前になるに従って会ったことがないのですから、顕在意識ではわからないわけです。でも、EXA PIECO《エクサピーコ》さんは共通のテーマで家族をつくって協力しあいながら体験しようということで、何代か前でもサポートをしてくれる状態というのは起きています。

例えば、大きく気づいて役割をする状態が起きてくれれば、何代も前の方々がものすごいマイナーになってしまっているのを「プラスに変換してください」というメッセージを受け取ることもあります。

それから、「サポートをしたくてもできないくらいマイナーになってしまっている」と、そういうメッセージを、本当はすごく親しいEXA PIECO《エクサピーコ》さんであるおばあさんが、お孫さんに送るとか、おじいさんがお孫さんに送る、こういう例はたくさんあります。

5代も6代も前に、ものすごく気づいて、調和のとれた高い段階になったEXA PIECO《エクサピーコ》さんがいらしたら、この文化流に言えば、人徳のある方で徳を積んだ方ですね。例えば、徳を積んだ方がものすごい貧乏をして、IFUE流に言うと、宇宙銀行にたくさん預金ができていると、その何代かあとのある役割ができる立場になる方が、非常にお金のエネルギーを必要とする状態が起きて、その役割をしようとしたら、宝くじを買ったら3億円当たっちゃったという方もいるんですよ。それも2回もですよ。

そういうのもあるのかということを、私も学ばされます。「時空の仕組み」というのは、もう、顕在意識で理解できるようなそんな状態ではないですね。本質の振動波で交流していくと、そういうことを知らされてしまうのです。

学ばされた「時空の仕組み」の深さ、奥行きの深さみたいなものは、『真 地球の歴史』でお伝えしていますが、惑星連合、銀河連合というのは、気づいて実践して進化したEXA PIECO《エクサピーコ》さんたちが、横の文化レベルで連携して素晴らしい役割をするわけでしょう。

ですが、それだと、この文化でいう落ちこぼれになっている人をどうするのかという問題があります。サポートしてもらう状態は起きてても、どんなことをしても本人次第ですよという形のまま、本人がなかなかサポートを受け取れない状態だとしたら、交流する機会がないですね。その文化レベルで連携するだけだったら、縦のつながりが起きないのです。

そこで星座連合のサポートの役割というのは、それを全然別の形、EXA PIECO《エクサピーコ》さんの元素が同質のという前提で行っています。そうしますともう、文化のレベルは関係ないのですね。人間レベルになっていようがいまいが、人間が存在してない惑星レベルであろうが、あるいはもっと進化したレベルであろうが、すべてサポートするわけです。

元素系

その元素系というのが星座です。この文化で言っている星座に対する解釈というのは、ギリシャ神話レベルとか、童話レベルになってしまい、文学の範疇《はんちゅう》になっています。これは、現代科学がいかに未熟であるかの証明でもあります。

星座は「時空の仕組み」の中の真実の要素として重要なシステムであり、真の科学としては、惑星や銀河系以上に、より深く追窮する必要があります。

おとぎ話のレベルではないのです。星座というのは、ものすごく重要です。元素の種類は、この文化ですと103種類プラスアルファですが、FUEMでは1032種類の元素がこの地球にはあるとお伝えしています。それは今はどんどん減り続けていますが、実は退化すると、FUGEHEKIN《フゲーエキン》の種類が減っていきます。そして元素の種類が減っていくのです。進化するとFUGEHEKIN《フゲーエキン》の種類が増えて、元素の種類が増えて、そのなかで「時空の仕組み」というのは、可能なかぎり全体が万遍なく調和がとれる方向へ進みます。そして、星座連合というのは、その文化レベルに関係なく、その元素系だったら、何億光年先でも光の振動波を送るそうです。

この文化の現代科学では、光は四方八方に広がっていると思っていますが、全然、そうではないようです。意識した方向に送っていると言います。宇宙じゅうに星があって、四方八方に全部光ってたら、夜が真っ暗にならないですよね。全部、光ってしまいますよね。それから、ものすごい遠くの星で、光をこちらに向けて送ってくれているのと、もっとずっと近くにあるのに、全然こっちに送ってくれないのとがあれば、地球が気づけない星なんてたくさんあるわけです。

光がすべて四方八方に広がっているとするのは、現代科学が客観性を前提にして、意識と意志はないと思っているからです。ですが元のところには全部、意識と意志があります。FUGEHEKIN《フゲーエキン》なんですから。光も土も空気も水も、全部FUGEHEKIN《フゲーエキン》です。意識と意志があって、自転して公転して活動し続けています。

サポートする方向に向かって、とにかく振動波を発振する。受け取る側も、自我と欲ではなくて、その準備ができた振動波であれば、同調できる時空元を移動して出会う。「自然の仕組み」は、基本的にみんな意識と意志です。偶然や例外がないのは、意識と意志がきちっと通じる状態に、「自然の仕組み」に適った状態で働き続けているからです。予定の状態に回転し続けていれば交流ができるそうです。

MUNIYI《ムニー》の振動波

MUNIYI《ムニー》のお話だけですごい時間がかかってしまいますので、大まかに言いますと、FUE はその研究というのをずっとしてきていますが、いよいよ本格的にFANT《ファント》後の準備をするという段階では、MUNIYI《ムニー》についてきちっとしておかないと、またこういう文化になってしまうということです。

繰り返しになりますが、マネーと言うのは、基本的にはお金のエネルギーだけをさしていて、お金のエネルギーを中心にこだわっている言葉です。それが振動波として、エネルギーであることは間違いありません。ですが、MUNIYI《ムニー》という語源の重要な要素というのは、お金のエネルギーの振動波と、物質の振動波、それから、もっとも重要なのが、おうし座のプレアデス星団のアトラス星語のFUGEHEKIN《フゲーエキン》の振動波です。調和のとれたFUGEHEKIN《フゲーエキン》のことを、FUGEHUKON《フゲーウコン》と言いますが、「自然の仕組み」に適って調和のとれたFUGEHUKON《フゲーウコン》、それが重要なのです。

FUGEHEKIN《フゲーエキン》は、歪んでいるのも調和がとれているのも全部含んだ総称になっています。地球では正確に言いますと、FUGEHUKON《フゲーウコン》はほとんどなくなってきてしまっていますから、FUGEHEKIN《フゲーエキン》と言うしかないのです。

これは、この文化がMUNIYI《ムニー》のうちのエネルギー（マネー）の振動波にこだわってしまったことに大きく関わっています。しかも、植物の木を紙にしています。コインもありますが、基本的にはこの文化で本当の力を持っているお金というのは、小切手ないしお札でしょう。それは、エネルギーの振動波を表しています。そこにこだわってしまったわけですが、本質的に「時空の仕組み」に適って調和のとれたMUNIYI《ムニー》というのは、少なくとも惑星連合、星座連合まで含めて、全部が「時空の仕組み」の中で、お互いに信頼関係が成り立つためのわかりやすい元はMUNIYI《ムニー》なのです。

惑星の調和度はMUNIYI《ムニー》でわかる

その惑星が調和のとれる状態になっているかどうかは、その惑星のMUNIYI《ムニー》が正常な状態になっているかどうかで、すぐわかってしまいます。地球みたいに偏っている状態、いかに不調和かというのは、時空にそのまま惑星の振動波が伝わってしまいます。ですから、時空から信頼してもらえない状態になってしまうのですね。

「自然の仕組み」の部分で、MUNIYI《ムニー》のシェアが基本なのですが、それは、空気と土と光と水と同じように、必要なときに、必要な場所に、必要なだけ、必要な誰もが、FALF《ファルフ》としての存在物すべてが、活かせる状態、これがMUNIYI《ムニー》です。「自然の仕組み」に適って調和のとれたMUNIYI《ムニー》のシェアというのは、光と空気と土と水の状態レベルでないと、調和がとれていないのです。

MUNIYI《ムニー》の調和が一番とれてシェアできる状態は、光、空気、土、水レベルになっているシェアの仕方です、というのが情報です。

この文化では、偏ってしまうのですね。蓄えすぎたり、なさすぎたり。しかも、お金のエネルギーだけでFUGEHEKIN《フゲーエキン》はまったく無視しています。ですから、低い自我の振動波のため、よその星ではまるで信頼をいただけない状態の振動波を、地球という惑星は受振発振してしまっています。MUNIYI《ムニー》(マネー)について、私たち地球人はもっと本気で自覚しなおして取り組み、シェアの仕方を工夫したいですね。私どもの関係では、本格的に真正面から追窮されている会社がいくつか生まれています。

結婚、男女について

今井　先ほどの家族の学びと関係しているんですが、結婚とか離婚とかについてお話しいただけますか。

足立　顕在意識で考えるこの社会のルールや倫理観や道徳観やそういうのとは別で、本質で言えば、EXA《エクサ》 PIECO《ピーコ》さん同士が体験して学びましょうという出会いが起きて結婚します。ですから基本的な意味で、男だけで、あるいは女だけで生きるという状態は、「自然の仕組み」からすると不自然なのですね。「自然の仕組み」は、体験して学ぶのに、男女ペアで協力しながらということを実践されていて、私の体験では、よその星からサポートにみえる方は、男女ペアが普通のようです。

EXA《エクサ》 PIECO《ピーコ》さんは、ADI《アディ》とSEHFK《セーク》という回転の仕方をしていて、EXA《エクサ》 PIECO《ピーコ》さんがエネルギー体で時空に存在しているときは、ADI《アディ》回転とSEHFK《セーク》回転がまったく接しないで、二身一体化しているといいます。また時空では、EXA《エクサ》 PIECO《ピーコ》さんは、12時空元にわたりADI《アディ》回転とSEHFK《セーク》回転は逆の回転をしているといわれています。

これが、時空の左（L）回転と右（R）回転というのとどうリンクしているかは、私はまだわかりません。それを調べる必要が起きたら、調べる時期がくると思います。

どうリンクしているかわからないけれど、二身の状態で一体化している。これが、EXA《エクサ》PIECO《ピーコ》の存在で、人間として体験して学ぶというときに、ADI《アディ》回転側が、赤ちゃんを産むなど、女性としてものを生み出す側の体験をし、SEHFK《セーク》回転が、男性として体験するような内容です。男と女という意味よりも、「時空の仕組み」を体験して学ぶ内容と方法の違いだと言われています。

これも私はよくわかりませんが、「自然の仕組み」がうまくできているのは、FUGEHEKIN《フゲーエキン》が分解する側と組み立てる側として、一対で生まれると、常に不調和にならない、偏らないようになっています。回転も常に逆回転をしている状態で調和がとれるという、片側の回転だけでは調和がとれないのですね。

ADI《アディ》回転とSEHFK《セーク》回転という回転の仕方は、すごく複雑な回転の仕方をしています。それをFALF《ファルフ》でつくったことがありますが、そのときにもまた、すごい体験をしています。コンピュータですごい学びをさせられました。あり得ないことがたくさんありました。

人口が増えすぎてしまうから、「自然の仕組み」の中で、今もおかしな状態がたくさんあります。男性がADI《アディ》回転をしたEXA《エクサ》 PIECO《ピーコ》さんとして生まれたり、女性がSEIFK《セーク》回転をして生まれたり、そして、男性同士や女性同士で結婚するような状態というのは、人口がこれ以上増えないという歯止めにもなっているのですね。

地球という惑星は、そのままではなかなか進化していかないEXA《エクサ》 PIECO《ピーコ》さん、どんどん自我や欲を拡大してマイナーになってしまうEXA《エクサ》 PIECO《ピーコ》さんが増え続けています。人口がパンクしてしまうほどマイナーを増幅して、上に行かないで、地球の地面に潜ってしまうEXA《エクサ》 PIECO《ピーコ》さんというのがものすごく多いです。地上を這っているのです。本当は進化して少しでも何段階か成長するために生まれてきているはずなのに、今は逆にマイナーにどんどん下がってしまうことを繰り返している状態です。

「生まれるということ」と、「ボディを置いて死ぬということ」は、FANT《ファント》することであって、「時空の仕組み」の本質が「生まれること」と「死ぬこと」です。「生まれること」と「死ぬこと」というのは、FANT《ファント》という「時空の仕組み」の本質で、同じです。EXA《エクサ》 PIECO《ピーコ》が進化するために、存在するものは生まれ変わっている、これが輪廻転生の最低の段階ですが、それが全然進化しないで、自我と欲を拡大し続けてマイナーになってしまい、退化しながら、ただEXA《エクサ》 PIECO《ピーコ》さんが生まれ変わっている状態が、地球に起きてしまっています。今、これが問題なのです。

進化していけば地球から離れていく状態が、本来の惑星の姿でしょう。それが、この銀河系の中の何百億という惑星が、たくさん地球みたいになり始めてしまっています。時空はそのままでは調和のとれない状態が起きてしまうから、調和がとれるためにどうするかという選択を自らがしていくわけです。マイナーであり続けようというなら、「ではやむを得ません、体験してみてください」ということで、自らブラックホールと同調してしまう可能性があるのです。

自ら気づいて、調和がとれる方向で、ブラックホールを少しでも改善するような調和のとれた役割に向かう方向で、つまり、MIYULUA《ミユルア》さんの方向のレベルに時空元移動していくのは、本人次第です。個々のEXA PIECO《エクサピーコ》さんから始まっていた惑星も、太陽系も銀河系も、みんなどう選択するかなのです。

あらゆる段階がいろいろ延々とあります。そういうなかで、『エノクの鍵』や旧約聖書のような、ああいう本で言われている状態というのは、そういうなかの、ある段階に気づいて、真実が確かに伝えられていることが多々あります。

例えば、ENOCH《エノック》さん（EXA PIECO《エクサピーコ》の役割段階の名称。MIYULUA《ミユルア》の入り口段階には大勢のENOCH《エノック》さんたちがサポートしています）レベルは、MIYULUA《ミユルア》の入り口の意識体のレベルで、個々の意識体の名前ではなくなります。高い段階に気づいて進化していなければ、逆にマイナーの、つまりブラックホールを構成していくというのにつながってしまう可能性があります。いずれにしても意識体の集合体です。

離婚について

今井　離婚というのは、学びが終われば、別にそれはそれでいいのでしょうか。

足立　本質的には、離婚や結婚が良いとか悪いとかは、考えなくていいと思います。離婚をしてもEXA PIECO《エクサピーコ》さん同士は交流しています。基本的にEXA PIECO《エクサピーコ》さん同士が交流しているから、何が起きるかというとメッセージがくるわけです。

今までたくさんご相談いただいていますが、離婚されている方の数がものすごく多いです。EXA PIECO《エクサピーコ》同士が出会って交流をして体験して学ぶわけですが、「時空の仕組み」は、ADI《アディ》とSEHFK《セーク》の回転の状態からすると、ペアで学ぶのが基本のようで、よその星の方たちがUFOで来るときも、全部ペアです。一人で単独で来るという例は、基本的にないと思います。

常にそうやって体験して学びましょうということなんですね。その状態を人間レベルでも体験するわけです。

離婚するというのは、この文化ではいろいろなケースがあるでしょうけど、基本的に相手の方に心から感謝をして離婚をしているという状態は、残念ですが、まずないでしょう。顕在意識で、言葉ではどういうふうにでも言えます。ですが、EXA《エクサ》 PIECO《ピーコ》の振動波でみると、離婚した原因、元になるような状態というのは、基本的には、自我と欲がお互いに満足できなかったという状態が多くて、その場合に、常に自分の問題ではなくて、相手の問題としています。

離婚して何年経っても、お子さんがどちらかにいても、両方にいても、とにかくEXA《エクサ》 PIECO《ピーコ》同士が、出会って、結婚しようが離婚しようが、体験して学んで、お互いに学んだことを、「自然の仕組み」の中で実践をして、そして自分のEXA《エクサ》 PIECO《ピーコ》が進化することが一番重要なわけです。

結婚しようがしまいが、離婚しようがしまいが、何のために人間として生まれてきたか、何のために生きているかです。

ですが、基本的には結婚することが、まず「自然の仕組み」に適った方向であることは確かですね。ペアで体験して学びましょうというのがありますから。ですが、しないといけないとか、そういうことではもちろんありません。

離婚した状態で、別れて収まっているから「それでいいや」は、顕在意識のレベルです。メッセージはいろいろきていています。それに気づいていないと、いろいろなトラブルが起きます。別れたから全然関係ないと思っていても、ものすごく関係があって、EXA《エクサ》 PIECO《ピーコ》さんは交流していますから、それはもういろいろなきつい体験、メッセージがきます。

新しい家族をつくったとしてもです。自分自身の病気のメッセージであったり、事故のメッセージであったり、事業をやっていれば、事業を展開しているなかでも、奥さんやご主人のメッセージがきています。

それはもう永久にです。EXA《エクサ》 PIECO《ピーコ》同士が出会って、交流して体験して学ぶという選択をしたら、永久にですね。ですから、感謝し続ける。

今までご相談いただいたなかで、離婚した相手のEXA《エクサ》 PIECO《ピーコ》さんにお詫びと感謝とお礼を発振し続けると、あらゆるものが解決してしまう例もありました。

今井　進化した文明にも結婚制度はあるのですか?

足立　それはあるようですね。結婚という仕組みは、この文化のルールのようなことではないようです。

「感謝し続ける」が基本

話を戻しましょう。結婚しても離婚しても、死に別れても、EXA PIECO《エクサ ピーコ》さんは存在していますから、サポートはお互いにしたりされたりなのです。顕在意識で気づいていても、気づいていなくてもです。ですから、出会ったからには、自分が生きて体験して学んでいるかぎり、強く自覚をして感謝し続ける、これは基本です。

学ばせていただくということです。学ばせていただいた、何かがあるはずなのですね。そうでないと、離婚した場合には、だいたいお互いに相手のせいにしています。それを卒業することが重要です。

ゆるしたレベルでは卒業できない

卒業したといっても、実は卒業していない場合がよくあるのは、ゆるすことができたという、意識レベルですね。ゆるしたレベルでは、全然卒業できていません。ゆるすというのは、自分の自我がそうしているだけですから、自我が満足できたレベルです。これでは全然だめです。

ゆるすのではなく、感謝が生まれることが重要です。学ばせていただいた何かがあるのです。

出会って協力して家族をつくったら、EXA《エクサ》 PIECO《ピーコ》同士の了解のもとに「体験して学びましょう」ですから、それを顕在意識の自我が満足できないで別れるのであれば、何のために出会って体験して学ぼうとしたのか、意味がなくなってしまうのですね。

ですから、EXA《エクサ》 PIECO《ピーコ》さん同士が交流したら、基本としては、それを通じて何を学べたかが必ずあるはずです。お互いに、学んだことが絶対にあるのです。学べていることに気づいたら、離婚していようがいまいが、今まで気づかなかったことについて、お詫びをして、そして、ありがとう、感謝です。気づかせていただいてありがとうです。

これで、全然変わってしまいます。EXA《エクサ》 PIECO《ピーコ》さん同士は、素晴らしい状態に変わります。病気のメッセージとか、トラブルのメッセージというのは、自然に収束していきます。

逆に、協力しあう状態も起きると、例えば事業がうまくいきだすとか、そういうことが起きていきますね。

電流と電気

今井 電流と電気についてはどうですか。講演会のときにおっしゃっていたので。

足立 そうですね。

今井 今の科学と違うとおっしゃっていました。そこを語りだすと長くなってしまいますか？

足立　そうですね。この文化の科学者は、電流は、電子の移動のことだと言っていますが、まったく違います。これはもう、この文化が全然勘違いをしています。

現代科学は、電流は電子の移動だというのを、確信もって説明できる内容があるのですか？　と、ある元国立大学や外国の大学教授を歴任された電子工学の科学者の先生に何度か素朴な質問をしたことがありますが、「実は、全然ないです」と言われます。「研究すればするほど、追究すればするほど、わからないというのが正直な見解です」ということでした。

ただし、仮説に基づいて、電流というのは電子の移動だなというふうにしてやっていくと、つじつまが合うところがいろいろあることはあるわけです。ですが、都合が悪いところは、目をつぶっているのではないでしょうか？　化学の電子と物理学の電子で、振動波としてはつじつまの合わない、矛盾するところがあるようですが、そういうところは触れないのですね。というよりは、電流と同様に無理やりにつじつまを合わせているようです。

例えば、電子顕微鏡というのも違うのです。中性子顕微鏡というべきところを、電子顕微鏡と言ってます。

中性子も、ODEO《オデオ》と言えば正確ですけど、中性子と言うと、本当は違います。なぜかといいますと、陽子というのは、陽電荷を帯びているという意味で、陽子と言っています。中性子というのは、本当は陰電荷を帯びているのです。でも、この文化は中性と言ってしまいます。現代の測定器では、負の測定ができないから、プラスマイナスゼロだという解釈なのでしょう。測定器で測定できないので、中性という表現にしてしまったわけでしょう。

その辺から推理推測が入り、大きくずれてしまい、電流・電圧の本質を見失って、現代科学の電力の解釈が生まれたようです。

この電力エネルギーの件は、惑星地球文化の最も重要な課題ですが、ここではこのくらいにして、一言お伝えさせていただきますと、真の電力とは、電流は中性子の集合体の移動であり、電圧は陽子の集合体の移動です。そして、抵抗とは、電子の運動エネルギーが、本来はゼロのはずのものが、その時空間で、プラスマイナスゼロでない状態のときを意味します、という情報です。

そして、この文化の、電流電圧の取り出し方に問題があって、送り方にも問題がありま す。本当は電線はいりません。電線なしで送れるのですね。時空間から自由に電流電圧を取り出せるのですが、電力エネルギーの問題は、「時空の仕組み」の本質に関わる非常に重要なことですので、原子力発電の件も含め、いずれ詳しく報告させていただきます。

今井　長い時間どうもありがとうございました。

あとがき

①今、この時期平成26年（2014年）半ば、地球という惑星にとって必要かつ重要な情報を「波動の法則」の実践体験に基づく適切なる実例を含めて、可能な限り正確に報告し、私達地球人の意識レベルが興味本位を卒業して、本気で人生をかけて何のために生まれ、何のために生きるのか、自然の仕組みに適って調和のとれた方向に直観を使って、決心をして実行され、現実の日常生活に環現し、自らも実体験される事により、読者の一人一人が現実のEGHO《エゴ》の文化のなかで真の生き方に向かって勇気が生まれる機会となるよう最善を尽くす。

②同時に書物になるからには、それがそこに存在《ある》だけでFALF《ファルフ》として生き生きとしたDEVIK《デヴィック》の役割ができる本来の「本」として、誕生するよう最善を尽くす。

本書が出版されるにあたって以上の二つの情報メッセージが明確に入ってきました。

実は今から数年前にナチュラルスピリット社の今井博樹社長様から、時空の仕組みにかかわるあらゆる分野の本質から現実まで含めて、のべ6～7時間にわたってご質問をいただき、直観で即答したものをテープで起こしてくださり、その原稿を私は1ページ1ページ、振動波でチェックしている際に前述のメッセージを観じ、内容について訂正、追加筆等加え完成させていただきました。

その際にナチュラルスピリット社の今井博樹社長様を始め、佐藤恵美子様、栗原朱美様、石川こすみ様、但野大輔・淑恵様夫妻に、多大なるご協力を賜り、再三にわたりお手数をかけましたことに心から感謝し厚くお礼申し上げます。

また、最後に前述のメッセージの主旨に基づいて関連した内容に少し触れさせていただきます。

宇宙の自然の仕組みの「波動の法則」に気づくまでの四十数年間は、私自身、この文化がよしとしているプライドを核にして確信をもって人生を全力で生きてきました。そして気づきが起きて、時空から正確に情報が入るようになり深まるにつれて、プライドとはいかに自然の仕組みに反した不調和な意識と意志の自我の振動波であるかを知らされ愕然としたことがあります。欲については、顕在意識で誰しも、気づきの度合いに応じてそれなりにコントロールは可能なはずですが、自我となると特にプライドのような奥に根深くもぐった意識は、自ら自覚できないことが多く、判断決断の際に自我を拡大してしまうことになりがちです。端的に言えば、自分のプライドを傷つけないように、あるいは他人のプライドを傷つけないようにと、人間の都合で自然の仕組みを歪めていることになかなか気づけません。

本書においては、私の20代、30代の自我と欲の強い時期の個人的体験の一端を曝け出してでも、私自身そこから何を学びどのように気づいて、決心して必至に実行し続けてきたかを含め、『波動の法則』その後の20年弱の実践成果をできる限り実例を具体的にあげながらわかりやすくお伝えしたつもりです。そしてそれは、成果があった事柄ほど当事者の方々にとってきつくて、つらい苦痛を伴うメッセージを受け止め忍耐強く体験を通して、気づいて悩んだあげく決心をして、実行し、ある段階までEXA《エクサ》 PIECO《ピーコ》さんが成長して真の進化のステップを踏み、今のご本人が存在しているということですが、個人的にはもう二度と思い出したくないような体験に再度触れてまですべて匿名であるとはいえ社会に環現する役割をされるということは、プライド等を超越した意識や大変勇気も必要になるようです。

また、企業やグループ、組織にとっては共同研究させていただいた成果の実例をお伝えする際に肝心の重要な部分は、特許権や企業秘密に触れるような事もあり難しい事柄等いろいろあります。

かような事情から本来もっともっと現実的、具体的な実例をお伝えしたくとも不可能なものや、本質的には私達の文化がより調和の方向に進化した時点で報告せざるを得ない事柄等たくさんありますが、今回の実践体験報告書としては私自身の今できる最善を尽くして工夫をし表現させていただいた結果です。万一、読者の一人として、当事者の方が本書を手にされて、何がしかの不快感をもたれるような事があれば私のDEVIK《デヴィック》能力の未熟さゆえ、ご容赦ください。

今後のDEVIK《デヴィック》の学びとさせていただきます。

平成26年6月26日

足立　育朗

著者紹介

足立 育朗（あだち いくろう）

1940 年、東京都生まれ。1964 年、早稲田大学第一理工学部建築学科卒業。1968 年、樹生建築研究所設立。1990 年、形態波動エネルギー研究所設立。宇宙はエネルギー及び物質の振動波で構成されていることを真の科学として直覚し、研究・創作活動として実践する。すべての存在、現象は、エネルギー及び物質の振動波であることを自らの周波数変換によって発見し、振動波科学の基礎的研究活動を行い、時空が意識と意志及び、振動波と時空元が全て回転することによって成り立っていることに気づき、自然の法則に適った地球文化の創造に役割を続ける。

著書に、『波動の法則』（1995 年 PHP 研究所刊。2002 年形態波動エネルギー研究所刊。2007 年ナチュラルスピリット刊）、編著書に、『真 地球の歴史』（1998 年 PHP 研究所刊。2009 年ナチュラルスピリット刊）など。

問い合わせ先

ホームページ　http://www.noruures-ifue.jp

Eメール　noruures-finf@noruures-ifue.jp

波動の法則
実践体験報告
足立育朗が語る時空の仕組と現実

●

2014年9月26日　初版発行
2023年11月8日　第6刷発行

監 修／形態波動エネルギー研究所
編著／今井 博樹

編集協力／但野淑恵、但野大輔、石川こすみ、佐藤恵美子

発行者／今井 博樹

発行所／株式会社ナチュラルスピリット
〒101-0051　東京都千代田区神田神保町3-2 高橋ビル2階
TEL 03-6450-5938　FAX 03-6450-5978
E-mail : info@naturalspirit.co.jp
ホームページ https://www.naturalspirit.co.jp/

印刷所 / 中央精版印刷株式会社

ISBN978-4-86451-133-9 C0030